JOHANNES MAISCH · König David

Johannes Maisch

König David

Sonnenweg-Verlag Konstanz

Dieser Band veröffentlicht eine biblische Vortragsreihe, die *Johannes Maisch* in den Jahren 1980 und 1985 gehalten hat. Sie wurde von *Birgit Maisch* unter Berücksichtigung der Originalmanuskripte überarbeitet.
Die Bibelstellen sind nach dem 1984 revidierten Luthertext wiedergegeben.

Die Deutsche Bibliothek – CIP-Einheitsaufnahme
Maisch, Johannes:
König David / Johannes Maisch. – Konstanz: Sonnenweg – Verl., 1991
ISBN 3-7975-0417-9

Umschlagentwurf: Hartmut Namislow, Neukirchen-Vluyn
Umschlagbild: Max Hunziker, König David beim Harfenspiel, aus: Walter A. Elwell (Hrsg.): Kleines Bibel-Handbuch, Friedrich Bahn Verlag, Konstanz
Gesamtherstellung: Jacob Druck GmbH
Printed in Germany
ISBN 3 7975 0417 9

Inhalt

Einleitung

Man kann sich heute für König David aus verschiedenen Gründen interessieren: Zum einen ist er die herausragende Herrschergestalt in der Geschichte des Gottesvolkes Israel, ein Politiker von Format, der sein Volk in die kurze Glanzzeit seiner Geschichte geführt hat, auf die es bis heute mit Sehnsucht zurückblickt.

Hinter diesem politischen Erfolg wird aber auch ein seltenes menschliches Format sichtbar: eine Persönlichkeit, die ungewöhnliche Fähigkeiten besaß, mit Menschen umzugehen, sie zu durchschauen, aber auch, sie für sich zu gewinnen; und auf der anderen Seite eine tiefe Frömmigkeit, die diesen König in der Erinnerung zum Dichter vieler Psalmen, zum Vorsänger und Vorbeter seines Volkes werden ließ.

Schließlich kann man aber auch sagen, daß mit all dem immer noch nicht das für uns als Christen Entscheidende an König David erfaßt ist. Das leuchtet erst dann auf, wenn wir diesen König als Anfang einer langen Königsreihe sehen, deren Ende gekennzeichnet ist durch eine kleine Tafel über einem Kreuz: *Jesus von Nazareth, der Juden König* (Johannes 19, 19).

Zwischen diesen beiden Königen am Anfang und am Ende der Königsreihe aus dem Geschlecht Isais besteht eine Fülle geheimnisvoller Beziehungen. Sie weisen von Jesus auf David zurück: Aus dem Davidsstamm ist er geboren (Matthäus 1), in der Stadt Davids, Bethlehem (Lukas 2, 11). *Gott der Herr wird ihm den Thron seines Vaters David geben, und er wird König sein über das Haus Jakob ewig,* hört Maria, die Jungfrau aus dem Davidsgeschlecht, den Engel sagen (Lukas 1,33). *Hosianna dem Sohn Davids!* ruft das Volk in Jerusalem dem wie ein

König einziehenden Jesus entgegen (Matthäus 21,9). – Auf Schritt und Tritt sehen wir die Linie aufleuchten, die von David zu Jesus führt.

Davids Königtum erscheint von Anfang an umgeben von einer Wolke von Verheißungen. Mit dem Königtum des geschichtlichen David hat Gott angefangen, sein Volk mitzunehmen auf den Weg zu einem letzten Ziel: zu dem Sohn Davids, in dem Gott den Menschen das volle Heil schenken wird, dem Wundersproß, der einmal aus dem Stamm Isais kommen wird, wenn dieser längst nur noch dem Wurzelstock eines abgehauenen Baumes gleicht. Für ihn wird noch in ganz anderer Weise als für David gelten: *Auf ihm wird ruhen der Geist des Herrn* (Jesaja 11,1 f.).

Jesus selbst hat in den letzten Tagen seines Erdenlebens die Pharisäer und Schriftgelehrten einmal mit einem merkwürdigen Widerspruch konfrontiert: Auf der einen Seite erwarteten sie den Messias als den »Sohn Davids«. Auf der anderen Seite aber habe David selbst einmal im Geist vorausschauend von seinem »Herrn« gesprochen, als er in einem seiner Psalmen sagte: *Der Herr sprach zu meinem Herrn: Setze dich zu meiner Rechten . . .* (Psalm 110,1). – Wie sollte also Davids Herr zugleich auch Davids Sohn sein? (Markus 12,35 ff.). – Eine Antwort auf diese Frage kann nur geben, wer begriffen hat, daß jener letzte Sproß aus dem Geschlecht Davids zugleich von ewig her Gottes Sohn ist.

Nimmt man all diese Beziehungen zwischen Jesus und David zusammen, so ist es nur noch ein Schritt zu der Erkenntnis, daß der Weg König Davids schon etwas wie eine Vorausdarstellung des Weges ist, den jener letzte König gegangen ist: ein Bildzeugnis auf den hin, der kommen wird – und der inzwischen gekommen ist.

Sicherlich war auch das Leben König Davids ein unvollkommenes Leben, wie alles menschliche Leben auf dieser Erde, außer dem einen, es ist. Aber in all seiner menschlichen und auch sündigen Unvollkommenheit zeichnet dieses Leben dennoch eine Christuslinie schon ins Alte Testament: durch Kreuz zur Krone, durch geduldiges Tragen von Verfolgung und unverschuldetem Leiden zur Erhöhung, durch demütiges Warten auf Gottes Stunde zur Offenbarung seiner Herrlichkeit.

Ich möchte mit Dank des Mannes gedenken, der mir selbst in jungen Jahren diese Christuslinie im Weg König Davids gezeigt hat. Es war Dietrich Bonhoeffer mit einer Bibelarbeit, die er in der Zeit des Kirchenkampfs veröffentlicht hat. Wer diese Christuslinie einmal gesehen hat, der kommt von ihr nicht mehr los.

So möchte ich im Folgenden versuchen, etwas sichtbar werden zu lassen nicht nur von dem größten König in der Geschichte Israels, von dem Reichtum seiner Persönlichkeit, sondern vor allem auch von der Christuslinie in seinem Weg: von der Adventsgestalt, die König David über allem anderen für uns Christen ist.

Johannes Maisch

1.

Gott erwählt den König

1. Samuel 16, 1 – 13

Am Anfang der Geschichte König Davids steht eine Wahl. – Keine demokratische Wahl freilich, bei der in öffentlicher Abstimmung einer der Kandidaten durch die Mehrheit der Stimmen gewählt wird. Sondern die verborgene und wunderbare Wahl des größten Königs in der Geschichte des Gottesvolks Israel durch Gott allein, und zwar – das ist das Besondere dabei – gegen alle Stimmen der dabei anwesenden Menschen.

Könige sind heute selten geworden. Aber die Geschichte, aus der wir alle mehr leben, als wir es wissen, läßt sich ohne ihre Könige nicht denken. Die Gestalt des Königs ist etwas über die Zeiten Bleibendes. Und in der Bibel ist die Königsherrschaft Gottes das höchste Ziel menschlicher Hoffnung.

In der Welt, in der das Volk Israel seinen Weg antrat, hat es von Königen nur so gewimmelt: Da gab es Stadtkönige, Stammeskönige, am Euphrat und Nil sogar Großkönige, in denen sich die damaligen Weltmächte verkörperten. Das Volk Israel aber hat jahrhundertelang ohne König gelebt. Und das war kein Zufall. An der Schwelle seiner Geschichte stand die überwältigende Erfahrung, daß einer nach ihm gegriffen hatte, der größer war als alle Könige dieser Welt, weil ihm Himmel und Erde gehörten. Er hatte gegen den Willen des mächtigsten Königs der damaligen Welt Israel zu seinem Volk gemacht, dessen König er sein wollte.

Gideon, der große Volksheld der Richterzeit, der sein Volk vor den Midianitern rettete, hat das gewußt. Als die Israeliten ihn damals zum König machen wollten, gab er zur Antwort: *Ich will nicht Herrscher über euch sein, und mein Sohn soll auch nicht Herrscher über euch sein, sondern Gott soll Herrscher über euch sein* (Richter 8, 23).

Wahrhaftig, ein stolzes Wort. – Aber ein Wort, nach dem nicht immer leicht zu leben war in einer Welt, in der die sichtbaren Könige, die ihren Völkern in den Kampf voranzogen, allzuoft mächtiger erschienen als der unsichtbare König, dem das Volk Israel gehorchte. Es kam die Stunde, in der auch dieses Volk Israel Gott flehentlich um einen sichtbaren König bat, *der vor uns her ausziehe und unsere Kriege führe* (1. Samuel 8, 19f.). Diese Stunde kam, als zu den vorhandenen Feinden ringsum, zu den Moabitern und Ammalekitern, den Ammonnitern, Midianitern und den mancherorts immer noch mächtigen Kanaanitern ein neuer Feind kam, der bedrohlicher war als sie alle: die Philister.

Bis heute hat das Land Palästina seinen Namen von diesen Philistern. Dabei wohnten sie sowenig wie die Israeliten ursprünglich dort, sondern kamen von weit her übers Meer. Zusammen mit anderen Völkern – man nannte sie die »Seevölker« – versuchten sie zunächst, das uralte Reich der Pharaonen einfach zu überrennen. Nur mit Mühe wurden sie dort abgewehrt. Aber es konnte niemand verhindern, daß die Philister die Westküste Palästinas in Besitz nahmen und dort eine Macht begründeten, die sich unaufhaltsam landeinwärts ausdehnte.

Ihre schwergepanzerten, waffengeübten Berufskrieger ließen den schlecht bewaffneten, wenig geübten Bauernaufgeboten der Israeliten schon bei den ersten Zusammenstößen kaum eine Chance. Sie eroberten sogar die heilige Lade und zerstörten das alte Heiligtum von Silo. Bald hatten sie ihre Macht bis auf den Kamm des Gebirges ausgedehnt.

Die alten biblischen Berichte, wie es zur Entstehung des Königtums in Israel kam, sind Jahrhunderte nach den Ereignissen niedergeschrieben worden. Sie ergeben nicht mehr ein in allem widerspruchsloses Bild. Aber das läßt sich kaum bezweifeln, daß es vor allem die Philisternot gewesen ist, die das Volk Israel veranlaßt hat, so hartnäckig von Samuel einen König zu fordern.

Samuel hatte zunächst schwere Bedenken gegen die Einsetzung eines Königs. Es ist Gott selbst gewesen, der ihm den Befehl gab, den Wunsch des Volkes zu erfüllen. – Aber Gott greift zugleich entscheidend in das Geschehen ein: Mit unverrückbaren Richtlinien, die er in die Geschichte der ersten beiden israelitischen Könige einzeichnet, sorgt er dafür, daß dieses israelitische Königtum sich gegenüber den heidnischen Königtümern der Umwelt deutlich als etwas Neues abhebt: als ein Amt im Dienst Gottes. Der König des Gottesvolkes wird nicht durch das, was er von sich aus und in den Augen der Menschen ist, König, sondern aus Gottes Gnade, durch Gottes Wahl und durch das, was Gott aus ihm macht.

So ist als erster Saul König geworden: von Samuel im Auftrag Gottes zum König gesalbt und von Gott selbst mit seinem Geist begabt, durch einen glänzenden Sieg über die Ammoniter beglaubigt und weiter bestätigt durch Anfangserfolge über die Philister. Aber so ist er auch gescheitert in dem Augenblick, als er mehr sein wollte als ein König nur aus der Gnade Gottes, der seinem Volk voranging im Gehorsam gegen Gott. – Dem eigenmächtigen Saul muß derselbe Samuel, der ihn im Auftrag Gottes zum König gesalbt hat, seine Verwerfung ankündigen.

Er hat dem König das Urteil überbracht als der freie und geradlinige Bote Gottes, der er immer gewesen ist. Aber wer meint, er, der doch Bedenken gegen die Einsetzung eines Königs gehabt hatte, habe jetzt triumphiert, der täuscht sich: *Aber doch trug Samuel Leid um Saul, weil es den Herrn gereut hatte, daß er Saul zum König über Israel gemacht hatte* (1. Samuel 15, 35).

Es ist, als sollte mit jenem harten Verwerfungsurteil über den ersten König Israels ein Zeichen aufgerichtet werden für die ungeheure Verantwortung, die dem Inhaber des Königsamts im Volk Gottes zukam. Er hatte nicht nur ein politisches, sondern auch ein geistliches Amt. – Das stand zwar neben den beiden anderen geistlichen Führungsämtern des Priesters und Propheten.

Aber Priester gab es mehrere und Propheten zuzeiten auch. König hingegen war ein einziger, und ihm gehörte die Macht. Darum hat er auch immer wieder durch sein Vorbild wie mit magnetischer Gewalt sein Volk nach sich gezogen auf dem Weg zum Guten wie zum Bösen.

Und der Herr sprach zu Samuel: Wie lange trägst du Leid um Saul, den ich verworfen habe, daß er nicht mehr König sei über Israel? Fülle dein Horn mit Öl und geh hin: Ich will dich senden zu dem Bethlehemiter Isai; denn unter seinen Söhnen hab' ich mir einen zum König ersehen. Samuel aber sprach: Wie kann ich hingehen? Saul wird's erfahren und mich töten. Der Herr sprach: Nimm eine junge Kuh mit dir und sprich: Ich bin gekommen, dem Herrn zu opfern. Und du sollst Isai zum Opfer laden. Da will ich dich wissen lassen, was du tun sollst, daß du mir den salbest, den ich dir nennen werde (1. Samuel 16, 1 – 3).

Gott holt den alten Gottesmann Samuel aus der Höhle seiner Schwermut und Enttäuschung heraus, in die er sich mit verwundetem Herzen zurückgezogen hat. Er ruft ihn zu einem neuen Auftrag in seinen Dienst: *Fülle dein Horn mit Öl und geh hin: Ich will dich senden zu dem Bethlehemiter Isai; denn unter seinen Söhnen hab' ich mir einen zum König ersehen.*

Zunächst wehrt Samuel sich noch mit sehr verständlichen Argumenten gegen diesen Auftrag: Einen neuen König salben, während der alte noch auf dem Thron sitzt? Das bedeutet doch Revolution, mit all ihren lebensgefährlichen Folgen: *Saul wird's erfahren und mich töten.* Aber dann erkennt er, daß es sich bei dem, was er tun soll, nicht um das Signal zu einer Revolution gegen Saul handeln wird. Denn es soll vor der Öffentlichkeit der Welt verborgen geschehen, nur im engsten Kreis seiner Familie. In der Öffentlichkeit würde man nur das wahrnehmen, was auch sonst ab und zu geschah: daß der berühmte Seher Samuel einen Besuch in der kleinen judäischen Stadt Bethlehem machte und daß er dort zum Wohl der Stadt ein Opfer darbrachte. Zu dem anschließenden Opfermahl, zu dem er einladen konnte, wen er wollte – weil er ja auch das Opfer mitgebracht hatte –, würde er die Familie des Isai einladen.

»Bethlehem« – Über dem Lebensbeginn des ersten Königs aus dem Geschlecht Isai steht derselbe Name, der tausend Jahre später über dem Lebensbeginn des letzten Königs aus diesem Geschlecht stehen wird. Auf demselben Feld, auf dem in der ersten Christennacht den Hirten die Geburt des Messias verkündigt wurde, hat wohl auch David als Hirte manchmal die Schafe gehütet.

Über die Verhältnisse der Familie Davids können wir uns ein Bild machen aus dem Büchlein Ruth – das ja von seinen Vorfahren handelt: eine wohlhabende Bauernfamilie mit Besitz nicht nur an Ackerland, sondern auch an Schafherden; freilich keine Familie, die sich so besonders herausgehoben hätte, daß sie auch nur von Ferne daran gedacht hätte, ihre Augen zu einer Königskrone zu erheben.

In dieser Familie ist David der jüngste von acht Söhnen seines Vaters Isai gewesen. Als Samuel in sein Vaterhaus gesandt wurde, stand er noch völlig im Schatten der älteren und offensichtlich viel bedeutenderen Brüder. Die eigentliche Leitung der väterlichen Landwirtschaft lag vermutlich in ihren Händen, denn der Vater Isai muß schon ziemlich alt gewesen sein. Den Jüngsten hatte man vorläufig »auf Außendienst« abgeschoben. Er durfte die Schafe hüten.

Ganz so harmlos, wie es sich anhört, war diese Aufgabe freilich nicht, wenn wir daran denken, daß gar nicht weit von Bethlehem die Wüste Juda mit ihren steilen Hängen und tiefen Felsschluchten beginnt. In ihren Randgebieten ist sie nicht ganz ohne Pflanzenwuchs, so daß genügsame Schafe und Ziegen zumindest in der Jahreszeit nach den großen Winterregen, schon noch etwas zu fressen finden konnten. Aber dazu brauchte es einen Hirten, der sich in dieser Wüste auskannte, der gewohnt war, nach wenigen und unscheinbaren Merkmalen im Gelände seinen Weg zu finden zu den Plätzen, wo es Gras und Kräuter gab – und vor allem den Weg zu den wenigen Wasserstellen, die allein vor dem Verdursten schützten. Zu den Gefahren einer erbarmungslosen Natur, zu Durst und glühender Hitze und dem Glutwind, der zuzeiten aus dem Wüsteninneren wie aus einem Backofen kam und die Sandwolken vor sich hertrieb, kamen damals noch erhebliche Gefahren durch Tiere. Heute gibt es allenfalls noch Skorpione, die unter den flachen Steinen versteckt sitzen, oder die giftigen Hornvipern, die sich im Sand eingraben, so daß nur die vorstehenden Augen herausschauen und nach Beute spähen; und für Schafe könnten noch die wilden Wüstenhunde, die Schakale und hie und da eine Hyäne gefährlich werden. Damals, zur Zeit Davids, gab es auch noch Bären und Löwen. Und was hatte ein Hirte schon für Waffen gegen solche Tiere? Eine Schleuder vielleicht, oder eine ungefüge Holzkeule. Schwert und Speer gab es nur für den Krieg.

So hat die Welt ausgesehen, in der der jüngste Isai-Sohn sich bewegte. Von seinem Vorleben erfahren wir – wie bei fast allen großen Männern der Bibel, ehe Gott sie in seinen Dienst nahm –, nur in Andeutungen: Bei seinen Brüdern galt David als verwegen und abenteuerlustig. Er selbst berichtet einmal von gefährlichen Kämpfen mit Raubtieren in der Wüste, die auf außergewöhnlichen Mut, aber auch auf außergewöhnliche Kraft und Geschicklichkeit schließen lassen (1. Samuel 17, 34 – 36).

Hier in dieser Geschichte von seiner Königswahl glänzt er zunächst einmal durch Abwesenheit. Und das Schönste dabei ist: Keiner merkt etwas davon – auch Samuel nicht. Die ganze Sache beginnt zunächst ohne die Hauptperson.

Samuel tat, wie ihm der Herr gesagt hatte, und kam nach Bethlehem. Da entsetzten sich die Ältesten der Stadt und gingen ihm entgegen und sprachen: Bedeutet dein Kommen Heil? Er sprach: Ja, es bedeutet Heil! Ich bin gekommen, dem Herrn zu opfern; heiligt euch und kommt mit mir zum Opfer. Und er heiligte den Isai und seine Söhne und lud sie zum Opfer. Als sie nun kamen, sah er den Eliab an und dachte: Fürwahr, da steht vor dem Herrn sein Gesalbter. Aber der Herr sprach zu Samuel: Sie nicht an sein Aussehen und seinen hohen Wuchs; ich habe ihn verworfen. Denn nicht sieht der Herr auf das, worauf ein Mensch sieht. Ein Mensch sieht, was vor Augen ist: der Herr aber sieht das Herz an. Da rief Isai den Abinadab und ließ ihn an Samuel vorübergehen. Und er sprach: Auch diesen hat der Herr nicht erwählt. Da ließ Isai vorübergehen Schamma. Er aber sprach: Auch diesen hat der Herr nicht erwählt. So ließ Isai seine sieben Söhne an Samuel vorübergehen; aber Samuel sprach zu Isai: Der Herr hat keinen von ihnen erwählt.

Und Samuel sprach zu Isai: Sind das die Knaben alle? Er aber sprach: Es ist noch übrig der jüngste; siehe, er hütet die Schafe. Da sprach Samuel zu Isai: Sende hin und laß ihn holen; denn wir werden uns nicht wieder setzen, bis er hierherkommt. Da sandte er hin und ließ ihn holen. Und er war bräunlich, mit schönen Augen und von guter Gestalt. Und der Herr sprach: Auf, salbe ihn, denn der ist's. Da nahm Samuel sein Ölhorn und salbte ihn mitten unter seinen Brüdern. Und der Geist des Herrn geriet über David von dem Tag an und weiterhin. Samuel aber machte sich auf und ging nach Rama (1. Samuel 16, 4 – 13).

In Bethlehem entsteht trotz der Vorsicht, mit der Samuel auftragsgemäß zu Werk geht, eine nicht geringe Aufregung, als der berühmte Seher im Stadttor erscheint. Schließlich ist er jahrzehntelang der höchste Richter des Landes gewesen. So ist es den Stadtoberhäuptern von Bethlehem wohl ähnlich gegangen, wie es uns gehen würde, wenn plötzlich ohne Voranmeldung ein Polizeibeamter in unserer Wohnung auftauchen würde. Unwillkürlich fragt man sich: Wer hat da etwas angestellt? – Die Bethlehemiter aber erfahren zu ihrer Erleichterung, daß der gefürchtete Seher aus einem harmlosen, ja freudigen Anlaß gekommen ist: Er will ein Opfer bringen.

Bei dem Opfer selbst sind wohl die Ältesten der Stadt alle mit dabeigewesen, bei dem anschließenden Opfermahl war Samuel mit Isai und seinen Söhnen allein. – Allein auch mit der Zusage Gottes: *Da will ich dich wissen lassen, was du tun sollst.* Bisher weiß er ja nur: Über einem der Söhne Isais wird er sein Ölhorn ausgießen und zu ihm sprechen: Gott setzt dich zum König über sein Volk.

Und nun ziehen in einem dramatischen Durchgang die anwesenden sieben Söhne vor den prüfenden Augen Samuels vorbei. Das geschieht in der unverfänglichen Form einer Vorstellung durch ihren Vater Isai, ehe sie sich zum Opfermahl niedersetzen. Nur Samuel weiß, worum es dabei wirklich geht. – Weiß er es tatsächlich? Ahnt er, in welchem Maß bei dieser Königswahl auch all sein Denken und Meinen zurückstehen muß vor dem, dessen Augen allein ins Verborgene sehen?

Da steht der erste Sohn, Eliab, ein großer, stattlicher Mensch, das Bild eines Mannes. Er mag Samuel an das Bild des Königs erinnert haben, der *eines Hauptes länger als alles Volk* war (1. Samuel 9, 12). Und er meint in seinem Herzen, es sei doch klar: *Da steht vor dem Herrn sein Gesalbter.* – Immerhin war Samuel ja nicht irgendwer, sondern ein im Dienst Gottes und in einem großen Amt ergrauter Mann mit einer in vielen Jahren erworbenen Menschenkenntnis. Aber Gott gefällt es bisweilen, die Menschenkenntnis und die Vorausschau auch seiner erleuchtetsten Zeugen in Frage zu stellen. Denn auch sie sind Menschen, und so hat auch ihr Urteil – wie jedes Menschenurteil – seine Grenzen: *Ein Mensch sieht, was vor Augen ist . . .*

Und so hört Samuel: *Sieh nicht an sein Aussehen und seinen hohen Wuchs; ich habe ihn verworfen.* »Verworfen« – bedeutet in diesem Fall selbstverständlich nur: für die Königswahl verworfen. *Denn nicht sieht der Herr auf das, worauf ein Mensch sieht.* Und so geht es weiter durch die Reihe der sieben Söhne. Bei jedem heißt es: *Auch diesen hat der Herr nicht erwählt.* In keinem Fall bedeutet dieses Urteil ein negatives Urteil nach den Wertmaßstäben der Menschen. Danach mögen sie alle sieben prächtige junge oder auch schon gestandene Männer gewesen sein. Aber Gottes Urteil geht über alle Wertmaßstäbe der Menschen hinweg seinen völlig eigenen Weg.

Wenn es nach dem Urteil des Samuel gegangen wäre, dann wäre die Wahl beim ersten schon zu Ende gewesen. Wenn es nach dem Urteil der Familie gegangen wäre, so wäre der eine, der noch fehlte, der Jüngste, der Schafhirt, zu diesem Opfermahl gar nicht erst vom Feld geholt worden. Aber Samuel ist inzwischen sehr hellhörig geworden. Als er erfährt, daß es da noch einen Sohn gibt, läßt er ihn unverzüglich holen. Und als nun der hereintritt, an den kein Mensch gedacht hatte, ein von der Sonne braungebrannter junger Mann, mit einem freimütigen Ausdruck in den Augen, da ist die Wahl auch schon zu Ende. Nun weiß Samuel, zu wem er gesandt ist: *Auf, salbe ihn, denn er ist's.*

Wie alt war dieser David eigentlich, als Gott ihn zum König über sein Volk bestimmte? Sicher kein Konfirmand mehr. Aber sicher auch nicht viel älter als 20. An Alter und Lebenserfahrung war er all seinen Brüdern klar unterlegen. Aber Gott fragt nicht nach dem Alter. Er hat Mose mit 80 seinen großen Befreierauftrag auferlegt. Er hat dem hochbetagten Abraham den Befehl gegeben, auszuziehen aus seiner Heimat in ein Land, das er nie gesehen hatte. Er hat aber auch Jeremia in sein Prophetenamt gerufen, als er kaum älter war als 20 Jahre. Und hier wählt er zum schwersten Amt seines Volkes Israel, zu einem Amt, das wahrlich einen ganzen und erfahrenen Mann forderte, einen jungen Menschen, der kaum das Mannesalter erreicht hat.

Der Herr aber sieht das Herz an. – Wenn wir meinen, damit hätten wir nun den sauberen und passenden Schlüssel zum Geheimnis der Erwählung, warum Gott von den acht Söhnen des Isai und aus Zehntausenden israelitischer Männer diesen jungen Hirten David zum König erwählt hat, dann dürften wir uns wiederum täuschen. Gewiß ist das ein Schlüssel: *Der Herr aber sieht das Herz an.* Aber ein Schlüssel, der nur für Gott selbst aufschließt, der in das Verborgene eines jeden Menschenherzen sieht. Das Geheimnis der Erwählung bleibt noch immer das Geheimnis Gottes, von dem wir Menschen im besten Fall den äußersten Rand sehen.

So bleibt auch das Geheimnis dieses blutjungen Königs, der da inmitten seiner verwunderten Brüder von dem alten Samuel gesalbt wird und dem damit für immer das Königssiegel auf die

Stirn gedrückt wird, vorerst ganz bei Gott. Er allein weiß, was für ein weiter Weg es sein wird von dieser verborgenen Stunde bis zu dem Tag, da David unter dem Jubel seines Volkes den Thron besteigen wird.

Der Weg des zweiten israelitischen Königs unterscheidet sich nämlich von dem des ersten in einem entscheidenden Punkt: Er muß zunächst durch die Tiefen einer langen und mühevollen Bewährung gehen, in der sein Königtum nichts ist als Gottes große Verheißung über seinem Leben. Aber Gottes Verheißung ist nie ein bloßes Wort. Wo sie über einem Menschen ausgesprochen wird, da geschieht immer etwas, auch wenn Menschenaugen das nicht sehen. Bei David ist dasselbe geschehen, was damals auch bei Saul geschehen ist, als er zum König gesalbt wurde: *Und der Geist des Herrn geriet über David von dem Tag an und weiterhin.*

Das bedeutet, daß Israel nun auf lange Zeit zwei Könige haben wird; einen, der noch etliche Jahre vor den Augen der Menschen König bleiben wird, und einen, der es vor den Augen Gottes ist. Einen, der sich, obwohl ihm seine Verwerfung verkündigt ist, mit einem ungeheuren Trotz bemüht, dieses Urteil Gottes nicht wahr sein zu lassen und trotzdem König zu bleiben – und der sich, weil Gottes Geist von ihm gewichen ist, dabei immer mehr in Taten des Wahnsinns hineinsteigert. Und einen, dem Gottes Geist auch in den Tiefen, durch die er gehen muß, den Weg zeigt: einen Weg, auf dem sich immer wieder etwas von seinem heimlichen Königtum enthüllt, das kein Mensch ihm nehmen kann, weil Gott es ihm gegeben hat.

2.

Der Erwählte streitet für die Ehre Gottes

1. Samuel 17, 1 – 54

Jenes Geschehen von Bethlehem, als Samuel im Auftrag Gottes den zweiten israelitischen König in sein Amt berief, hat nach außen keine Wellen geschlagen. Auch der nach David selber am meisten davon Betroffene, der bisherige König Saul, hat nichts davon erfahren, jetzt nicht und später nicht. Gott allein hat hier wieder einmal sein verborgenes Spiel begonnen, von dem der Lobgesang der Hanna am Eingang des 1. Samuelbuches sagt: *Der Herr erniedrigt und erhöht . . . Er erhöht den Armen aus der Asche, daß er ihn setze unter die Fürsten* (1. Samuel 2, 7f.).

Aber das bleibt vorläufig Gottes verborgenes Spiel, von dessen heimlichen, jetzt schon beginnenden Auswirkungen die Welt nichts merkt. Dort bleibt scheinbar alles, wie es ist. In der Geschichte von David und Goliath, die im 1. Samuelbuch auf die von der Salbung Davids folgt, tritt uns nach wie vor Saul als König entgegen, und der, über dem Samuel sein Ölhorn ausgegossen hat, als bescheidener Hirte. Nur für den, der tiefer sieht, deutet sich eine verborgene Verschiebung der Gewichte an, die sich hier vollzieht. Statt: »Der Erwählte streitet für die Ehre Gottes«, könnte man die Geschichte auch, von Gott her formuliert, überschreiben: »Gott bekennt sich zu seinem Erwählten.«

Bevor wir uns nun der bekannten Erzählung zuwenden, ist noch etwas Grundsätzliches zu der Art der biblischen Geschichten zu sagen, wie sie in der Davidsgeschichte vorliegen. Wer die beiden Geschichten von der Salbung und von David und Goliath hintereinander liest, der stößt auf einen merkwürdigen Widerspruch: In den letzten Versen von Kapitel 16 wird berichtet, daß David von seiner Herde weg an den Hof König Sauls gerufen wurde. Er mußte die Harfe spielen, wenn der König in die Angst- und Schwermutszustände verfiel, von denen er heimgesucht wurde, seit er von dem Verwerfungsurteil Gottes über seine Führung des Königsamts wußte. David gewinnt das Herz des Königs. Sauls verdüstertes Gemüt lebt auf, wenn die hellen Klänge des Harfenspiels ertönen. *Und Saul gewann ihn sehr lieb, und er wurde sein Waffenträger* (1. Samuel 16, 21).

In der Geschichte vom Kampf Davids mit Goliath aber kennt Saul David überhaupt nicht. Er fragt am Schluß seinen Feldhauptmann: *Wessen Sohn ist der Junge?* Abner weiß es auch nicht. Als David von seinem Sieg über die Philister zurückkehrt, bringt er ihn zu Saul. Und nun erst bekommt dieser die Auskunft: *Ich bin ein Sohn deines Knechts Isai, des Bethlehemiters* (1. Samuel 17, 55 – 58).

Wie soll man sich einen solchen Widerspruch erklären?

Wir wissen, daß der Niederschrift dieser Erzählungen eine lange Zeit vorangegangen ist, in der sie nur mündlich weitererzählt wurden. So ist es nicht verwunderlich, wenn die auf dieser mündlichen Überlieferung beruhenden Geschichten von David nicht in allen Zügen übereinstimmen. Die beiden Geschichten von der Begegnung Davids mit Saul lassen gleichwohl etwas Gemeinsames erkennen: daß David, der von Saul zuletzt als bitterer Feind angesehen und verfolgt wurde, ursprünglich in einer sehr engen und freundschaftlichen Beziehung zu ihm gestanden hatte. Und daß diese Beziehung auf zwei, für den König wichtigen Eigenschaften des jungen Davids beruhte: auf der Macht, die er mit seinem Harfenspiel über den bösen Geist hatte, der immer wieder über Saul kam, und auf seiner großen Tapferkeit und Kriegstüchtigkeit.

Welche dieser beiden Eigenschaften David und Saul zuerst zusammengeführt hatte, darüber war man verschiedener Ansicht. In der einen Geschichte meinte man sich zu erinnern, daß es das

Harfenspiel Davids gewesen sei, das ihn an den Hof Sauls gebracht und zu seinem persönlichen Freund und Vertrauten gemacht hat. Nach der anderen Geschichte hatte eine ungewöhnliche Waffentat Davids erst zu ihrer Bekanntschaft geführt. – Im Grund ist es auch gar nicht entscheidend, ob Saul den David zuerst als Spielmann oder als jungen Helden kennengelernt hat. Möglich ist beides, denn er war beides. Wir müssen uns, wie noch an manchen anderen Stellen in der Bibel, damit begnügen, daß sie uns nicht immer alles sagt, was wir gerne wissen möchten.

Gerade diese beiden Überlieferungen von der ersten Bekanntschaft Davids und Sauls können aber auf etwas aufmerksam machen, was sie wohl nicht bloß zufällig gemeinsam haben: In beiden ist der Anlaß wie auch der Grund für die Begegnung die Tatsache der Verwerfung Sauls. Bei der Geschichte von Davids Harfenspiel ist das ganz offenkundig: Weil Saul von Gott verworfen ist, darum verfällt er immer wieder in diese Angstzustände, für die ihm Davids Harfenspiel Linderung bringt. In der Geschichte von Goliath hingegen ist es nicht so deutlich; aber auch hier ist der Grund für das Auftreten Davids eine Not Sauls: Das Erscheinen des Philisterriesen hat Saul in arge Bedrängnis gebracht. Und diese Bedrängnis steht ebenfalls in engem Zusammenhang mit seiner Verwerfung – wie wir unten noch sehen werden.

Wieder einmal steht Israel im Krieg mit den Philistern. Die beiden Heere sind gegeneinander aufmarschiert. Auf zwei gegenüberliegenden Bergen haben sie ihre Stellungen bezogen und ihre Lager eingerichtet. Dazwischen liegt der Talgrund, in dem der Kampf ausgetragen werden muß. Aber wie es damals üblich war, läßt man sich dazu Zeit. Jede Seite wartet auf eine günstige Gelegenheit und versucht, eine Blöße des Gegners zu erspähen. Und vor allem versucht man, ihn durch Zurschaustellung der eigenen Stärke im voraus zu zermürben.

Und da haben die Philister diesmal eine Wunderwaffe zur Hand, der die Israeliten nichts Ebenbürtiges entgegenzusetzen haben. Aus ihren Reihen tritt ein Mensch von fürchterlicher Gestalt, ein Ungeheuer von einem Mann, mit ebenso riesenhaften Waffen. Wie ein wandelnder Turm von Erz und Eisen stampft er mit schweren Schritten auf die Reihen der entsetzten Israeliten zu, gedeckt von seinem Schildträger, bis er auf Rufweite herangekommen ist. Und dann macht er einen bestechenden Vorschlag: überhaupt keine Schlacht, überhaupt kein Blutvergießen. Der ganze Krieg soll durch einen einzigen Zweikampf entschieden werden.

Hier ist er, der Philister, in dem gewissermaßen die ganze Stärke der Philistermacht Person geworden ist. Und dort stehen die Israeliten, die *Sklaven Sauls,* wie er sie in höhnischer Anspielung auf ihr neugebackenes Königtum nennt. Einen aus ihrer Mitte sollen sie auswählen, der sich ihm zu dem Zweikampf stellt, mit dem dann alles auf einmal entschieden sein soll: *Vermag er gegen mich zu kämpfen und erschlägt er mich, so wollen wir eure Knechte sein; vermag ich aber über ihn zu siegen und erschlage ich ihn, so sollt ihr unsere Knechte sein und uns dienen* (1. Samuel 17, 9).

Erwählt einen unter euch . . . – Erinnert das nicht daran, daß Israel ja eigentlich einen Erwählten hat, nämlich seinen König Saul, der ja auch *eines Hauptes länger war als alles Volk* (1. Samuel 9, 2)? Müßte nicht wenigstens er die Herausforderung annehmen, wenn es schon kein anderer riskiert?

Als einst der Ammoniterkönig Nahas, zu deutsch »Schlange«, in ähnlicher Weise ganz Israel herausgefordert hatte und dabei überzeugt war, es werde nicht wagen, die Herausforderung anzunehmen, da hatte Saul in heiligem Zorn nicht einen Augenblick gezögert. Er hatte den hingeworfenen Handschuh aufgenommen. Und am Ende stand ein glänzender Sieg Israels.

Aber damals war Saul der Gnade Gottes gewiß und von daher voller Mut und Kraft. Jetzt ist er das nicht mehr. Jetzt ist er nur noch ein kühler Rechner, der sich im Zweikampf mit diesem Riesen keine Chance ausrechnen kann. Und darum bleibt ihm nur noch der Appell an andere, an den unbekannten Helden: Jeder, der den Kampf mit diesem Riesen wagt, könnte sich einen königlichen Preis verdienen, Steuerfreiheit für sich und seine Nachkommen auf ewige Zeiten und eine Königstochter als Frau dazu.

Aber keinen gelüstet es, den Preis zu verdienen, wenn er den wandelnden Berg von Erz auf der anderen Seite sieht. Und so wiederholt sich mit zermürbender Selbstverständlichkeit jeden Tag dasselbe Schauspiel: Der Philister tritt heraus und ruft seine Herausforderung herüber. Über den Reihen der Israeliten aber liegt bleiernes Schweigen. Der Philister steht breitbeinig da und wartet. Bei den Israeliten regt sich nichts. Der Philister wächst von Tag zu Tag im Bewußtsein seiner Unüberwindlichkeit. Bei Saul und seinem Heer wächst von Tag zu Tag das Entsetzen und die Ratlosigkeit. Der Philister höhnt, und er macht keinen Hehl daraus, daß der Hohn nicht den Israeliten allein gilt, sondern auch ihrem angeblich so besonderen Gott, auf den sie zu vertrauen vorgeben. Aber bei den Israeliten ist keiner, der es wagen würde, für die Ehre Gottes in diesen Kampf zu gehen.

Bis dann auf einmal doch einer auf den Plan tritt. – Die Bibel ist keine Sammlung von Heldengeschichten. Trotzdem weiß auch sie, besonders in der Geschichte des Volkes Israel, von echten Helden zu berichten, und David ist einer von ihnen. Wenn er in dieser Geschichte auch noch als ziemlich jung vor uns steht – ein Büblein, das bisher nur an Mutters Schürzenzipfel gehangen hatte, war er sicher nicht mehr. Hinter ihm lagen bereits Jahre eines rauhen und gefahrvollen Hirtendaseins in der Wüste, lagen Kämpfe mit den wilden Tieren, die er fast ohne Waffe bestanden hatte. In diesen Kämpfen haben sich Eigenschaften herausgebildet, die ihn binnen kurzer Zeit zum gefeiertsten Kriegshelden seines Volkes machen werden: Ausdauer, Kraft, Gewandtheit und vor allem eine beispiellose Unerschrockenheit, die so leicht keinem Kampf aus dem Weg geht.

Diese Unerschrockenheit tritt nun auch in der Begegnung mit dem Goliath zutage. Plötzlich steht da einer, der den lähmenden Bann der Furcht über den israelitischen Reihen durchbricht: ein junger Hirte, noch zu jung, um wehrpflichtig zu sein (das war man bei den Israeliten damals später als bei uns heute). Er ist nur zu einem kurzen Besuch da, um im Auftrag des Vaters seinen drei älteren wehrpflichtigen Brüdern die Verpflegung zu bringen, für die damals die einzelnen Familien selbst sorgen mußten. Und da erlebt er einen der Auftritte des ungeschlachten Philisterkriegers – und nimmt die Herausforderung an. Tollkühn erklärt er sich bereit zu wagen, was keiner von den kampferprobten Berufskriegern um König Saul gewagt hatte.

Man kann fragen: Ist das nicht geradezu Gott versucht, was dieser David wagen will? – Das wäre es ohne Zweifel, wenn dahinter wirklich nichts weiter stünde als Tollkühnheit, wenn dahinter nicht etwas Größeres und Ernsteres sichtbar würde: *Wer ist dieser unbeschnittene Philister, der das Heer des lebendigen Gottes verhöhnt?* (1. Samuel 17, 20).

Wenn David, der dies sagt, auch noch jung und noch nicht zum Soldaten ausgebildet ist, die furchtbare Drohung, die von diesem Philisterriesen ausgeht, begreift er sehr wohl. Er kann sich die Chancen ausmalen, die er als Nichtkämpfer gegenüber diesem Berufskrieger hat: menschlich gesehen überhaupt keine. Doch der Erwählte Gottes ist nach dem Zeugnis der Bibel vom Tag seiner Salbung an Träger des Geistes Gottes. Als solcher aber spürt David, was kein anderer so spürt: den Angriff auf die Ehre Gottes, der durch diesen Heiden geschieht und der nicht hingenommen werden kann. Er hört den Ruf, für die Ehre Gottes sein Leben in die Schanze zu schlagen und kann ihm nicht ausweichen.

So ist David mehr als das, was wir einen Helden nennen. Als Streiter für die Ehre Gottes erklärt er sich bereit, den Kampf gegen den feindlichen Riesen zu wagen. Und das ist letzten Endes die einzig zureichende Erklärung und die einzige Rechtfertigung, daß er diesen Kampf überhaupt wagt. Denn auch ein Held wägt vor dem Kampf die Möglichkeiten ab, die er hat und die er nicht hat. Andernfalls ist er kein Held, sondern ein Narr.

Vom Standpunkt auch des tapfersten Helden aus ist der Kampf, auf den David sich einläßt, ein Wahnsinnsunternehmen ohne jegliche Aussicht auf Erfolg. Er ist eigentlich glatter Selbstmord. Menschlich gesehen hat darum Saul völlig recht, der, als man ihm nun diesen mutigen jungen Mann meldet und ihn zu ihm führt, zunächst nichts Besseres weiß, als ihm mit allen Zeichen des Entsetzens von diesem Kampf abzuraten: dort der Riese, hier ein halbwüchsiger Junge; dort der gepanzerte, trainierte Berufskrieger, hier ein junger Hirte, der keine Ahnung hat, was Krieg heißt.

Aber David hat diesen Kampf auf einer anderen Ebene begonnen als auf der menschlichen Heldentums. *Wer ist dieser unbeschnittene Philister. . .?* – Diese Bezeichnung Goliaths ist nicht etwa verächtlich gemeint. Es liegt gar kein Grund vor, daß wir uns diesen Philister als den Typ des zwar großen und starken, aber auch dummen Riesen vorstellen oder als eingebildeten Maulhelden – wie Matthias Claudius ihn in seinem Gedicht: »War einst ein Riese Goliath« schildert: »Und ein entsetzlich großes Maul, doch nur ein kleines Hirn.«

Von dem, was Goliath sagt, ist kein einziges Wort dumm. Nur – und darauf weist David hin, wenn er ihn einen Unbeschnitenen nennt – dieser Mensch weiß nichts von dem lebendigen Gott, er rechnet nicht mit dem lebendigen Gott. Aber David rechnet mit ihm, und das unterscheidet ihn auch von Saul, der nur noch menschlich rechnen kann.

Es gereicht Saul wahrhaftig zur Ehre, daß er David mit seiner eigenen Rüstung in den Kampf schicken will. Nur erweist sich diese gutgemeinte Idee rasch als undurchführbar. Denn in einer Rüstung, wie sie damals ein Schwerbewaffneter trug, konnte niemand auch nur richtig gehen, geschweige denn kämpfen, der das nicht in jahrelangem Training gelernt hatte.

Gleichwohl liegt in dieser kleinen Szene ein tieferer Sinn. Saul bekleidet David selbst mit seiner eigenen Königsrüstung, nicht ahnend, daß er damit etwas Entscheidendes bezeugt: daß David nun der ist, der er einmal war, Träger des Amts, das ihm einmal übertragen wurde. Aber David kann in Sauls Gewand nicht gehen. – Noch kann er es nach Gottes Willen nicht. – So wirft er schließlich alles wieder weg und tut das einzig Vernünftige: Er geht in seinem eigenen Gewand und nimmt die einzige Waffe mit, die er beherrscht, seine Schleuder.

In der antisemitischen Propaganda des Dritten Reichs hat man es fertiggebracht, die Goliathgeschichte in grotesker Verdrehung dessen, was sie wirklich sagt, als Beispiel für angeblich »jüdische Gemeinheit und Hinterlist« darzustellen: Da erscheint Goliath als der tapfere, ehrliche Krieger, der einen offenen Zweikampf sucht, und der von seinem hinterlistigen jüdischen Gegner feige aus der Ferne erlegt wird.

Wie sehr vieles, was der Antisemitismus aus der Bibel herausgelesen oder besser in sie hineingelesen hat, ist auch diese Auslegung der Goliathgeschichte nicht nur äußerst gehässig, sondern außerdem in einer kaum faßbaren Weise dumm. In den Heldengeschichten aller Völker ist bei Zweikämpfen die Wahl der Waffe, mit der einer kämpfen will, frei. Die Schleuder war in den Heeren des Altertums eine Waffengattung wie Bogen, Speer oder Schwert. Trotzdem wäre niemand auf den Gedanken gekommen, in einem Zweikampf die Schleuder als Waffe zu wählen. Im Einzelkampf Mann gegen Mann galt sie gegenüber einem Schwerbewaffneten mit Schwert, Speer und Panzer als völlig aussichtslos. Der Schleuderer konnte ja mit seinen Steinen weder die Rüstung noch den Schild des Gegners durchschlagen. Er mußte ihn also an den schmalen Stellen seines Körpers treffen, die durch die Rüstung nicht gedeckt waren. Und wenn er seine Schleudersteine verschossen hatte, dann hatte er überhaupt keine Waffe mehr – David hatte allenfalls noch seinen Hirtenstecken – und war seinem Gegner vollkommen ausgeliefert.

Der Philister hat es deswegen auch gar nicht als Hinterlist, sondern als Beschimpfung empfunden, daß sein Gegner ihm mit so kümmerlichen Waffen entgegentrat. Das waren in seinen Augen Waffen, mit denen man allenfalls einen Hund fortscheuchen, aber nicht einen Krieger bekämpfen konnte. Vermutlich dachte er entweder, daß er es hier mit einem Verrückten zu tun hatte, oder, daß ihn da einer veräppeln wollte, der aber, wenn es hart auf hart ging, sein Heil in der Flucht suchen würde.

David aber wagt den Kampf mit diesen – menschlich gesehen – hoffnungslos unterlegenen Waffen in einem ganz anderen Horizont. Er setzt sein Vertrauen letzten Endes überhaupt nicht auf seine Waffen: *Du kommst zu mir mit Schwert, Lanze und Spieß, ich aber komme zu dir im Namen des Herrn Zebaoth, des Gottes des Heeres Israels, den du verhöhnt hast. Heute wird dich der Herr in meine Hand geben . . .* (1. Samuel 17, 45;46).

Und so ist auch der Sieg, den David erficht, nicht ein Sieg seiner Geschicklichkeit und Unerschrockenheit, und noch viel weniger ein Sieg durch einen Zufallstreffer. Sondern es ist allein der Sieg Gottes, welcher sich zu seinem Erwählten bekennt, der gewagt hat, was kein anderer wagte: für Gottes Ehre einzutreten.

In der Geschichte der Salbung durch Samuel ist uns das Bild des jungen David noch in einer seltsamen Unbestimmtheit entgegengetreten: Der Liebreiz seiner Erscheinung wird gerühmt, aber sonst erfahren wir eigentlich nur etwas Negatives: daß auf ihn niemand verfallen wäre, weder sein Vater noch seine Brüder, und – von sich aus – nicht einmal Samuel.

Diese Unbestimmtheit des Bildes ändert sich in der Goliathgeschichte, in der David zum ersten Mal als Handelnder im Mittelpunkt steht: Da wird ein ungewöhnlich tapferer junger Mensch sichtbar, dessen nachfolgender Aufstieg zu höchstem kriegerischem Ruhm nicht verwunderlich ist. Und doch ist er im tiefsten etwas ganz anderes als ein menschlicher Held, der für seine eigene Ehre streitet. Er weiß sich verantwortlich für die Ehre Gottes und seines Volkes, und er wagt dafür sein Leben. Das ist schon in dieser Geschichte das Königliche an ihm. Es ist das, was ihn als den Erwählten Gottes kennzeichnet.

3.

Prüfung und Bewährung

1. Samuel 18 – 27; 29; 30

Und Saul nahm ihn (David) *an diesem Tage zu sich und ließ ihn nicht wieder in seines Vaters Haus zurückkehren... Und David zog in den Kampf und richtete alles recht aus, wohin Saul ihn auch sandte. Und Saul setzte ihn über die Kriegsleute, und es gefiel allem Volk gut und auch den Großen Sauls.*
Es begab sich aber, als David zurückkam vom Sieg über die Philister, daß die Frauen aus allen Städten Israels herausgingen mit Gesang und Reigen dem König Saul entgegen unter Jauchzen, mit Pauken und mit Zimbeln. Und die Frauen sangen im Reigen und sprachen: Saul hat tausend erschlagen, aber David zehntausend. Da ergrimmte Saul sehr, und das Wort mißfiel ihm, und er sprach: Sie haben David zehntausend gegeben und mir tausend; ihm wird noch das Königtum zufallen. Und Saul sah David scheel an von dem Tage an und hinfort.
Am anderen Tage kam der böse Geist von Gott über Saul, und er geriet in Raserei in seinem Hause; David aber spielte auf den Saiten mit seiner Hand, wie er täglich zu tun pflegte. Und Saul hatte einen Spieß in der Hand und zückte den Spieß und dachte: Ich will David an die Wand spießen. David aber wich ihm zweimal aus. Und Saul fürchtete sich vor David; denn der Herr war mit ihm, aber von Saul war er gewichen (1. Samuel 18, 2–12).

Das Leben König Davids ist voll unerhört dramatischer Wendepunkte:

Als der unbekannte jüngste der acht Isai-Söhne wird er eines

Tages nichtsahnend von seinem Hirtendienste weg ins Vaterhaus gerufen, Öl ergießt sich über sein Haupt und aus dem Mund des berühmten Samuel hört er die unfaßliche Botschaft: »Gott hat dich zum König über sein Volk erwählt.«

Mit einem Nichts an Waffen geht er zwischen zwei Heeren dem gepanzerten Riesen der Philister entgegen, fast wie zu einer Hinrichtung. Da fährt der Stein aus seiner Schleuder dem Riesen an die Stirn, daß der niederstürzt wie ein gefällter Baum. Und in dem ungeheuren Jubelsturm, der sich erhebt, ist er mit einem Schlag vom unbekannten Hirten zu einem herausragenden Mann seines Volkes geworden.

Dies ist der Start für einen glanzvollen Aufstieg. Spätestens jetzt führt sein Weg an den Königshof, in den engsten Kreis des Königs selbst, und zwar in einer dreifachen Rolle: Er ist der Spielmann, der den König in seinen dunklen Stunden immer wieder aufheitert mit dem hellen Klang seiner Harfe. Er wird der Waffenträger des Königs, und das bedeutet in jener Zeit: sein engster Waffengefährte, der über seiner persönlichen Sicherheit zu wachen hat. Und endlich tritt er bald auch als selbständiger Truppenführer hervor, der im Auftrag Sauls Züge gegen die Philister unternimmt und sich auch dabei besonderen Ruhm erwirbt. In dieser dreifachen Stellung gewinnt er nicht nur Sauls Herz und wird sein Schwiegersohn, sondern dieser strahlende Held ist auch der populärste Mann im Volk Israel.

Aber eben damit wendet sich für ihn das Blatt. War es zunächst nicht nur Klugheit gewesen, die Saul gebot, diesen außergewöhnlichen Mann zu einer Stütze seines Throns zu machen, sondern auch ein ganz ursprünglicher Zug seines Herzens – *und Saul gewann ihn sehr lieb* (1. Samuel 6,21) –, so erwacht jetzt in demselben Herzen Neid und Angst vor einem möglichen Nebenbuhler. Es ist, als ob der böse Geist in Saul es wittern würde, daß dieser junge Held von Gott erwählt sei, ihn und sein Königtum abzulösen.

Es ist letzten Endes wohl diese untrügliche Witterung, die Sauls tiefe Zuneigung zu David umschlagen läßt in wilden Haß.

Saul hat sich niemals unter das Verwerfungsurteil Gottes gebeugt, sondern er hat mit rasender Energie versucht, seine Vollstreckung zu verhindern. Es ist etwas Luziferisches in seinem Haß gegen David, etwas von dem besinnungslosen Wüten des Gefallenen gegenüber dem, der in Gottes Gnade steht.

Und plötzlich, ohne Vorankündigung, bricht dieser Haß heraus in dem grauenhaften Mordversuch, von dem wir eingangs erfahren haben. Wahrscheinlich war David dabei mit Saul allein in seinem Haus. Er war wieder einmal damit beschäftigt, den König in einem seiner Verdüsterungsanfälle aufzuheitern. Dabei mag er gemerkt haben, daß der König merkwürdig unruhig war, und daß er ständig mit einer Lanze in seiner Hand herumspielte. Da plötzlich steht er hochaufgerichtet, mit wutverzerrtem Gesicht hinter einem Stuhl und hebt diese Lanze zum tödlichen Wurf gegen den Wehrlosen, der nur seine Harfe in der Hand hat. David kann nur versuchen, ihm auszuweichen. Sausend fährt die Todeswaffe hart neben ihm vorbei in die Wand, an die sie ihn spießen sollte wie ein lästiges Insekt. Aber schon hat der König eine zweite in der Hand. Dasselbe geschieht noch einmal. Dann erst fällt Saul ermattet auf seinen Stuhl, und der entsetzte David kann fliehen. Wieder einmal hat Gott ihn in ganz unbegreiflicher Weise bewahrt.

Aber was geschehen ist, ist das Signal zu einer neuen Wende im Leben Davids: einer Wende vom kometenhaften Aufstieg zum Weg in die Tiefe der Verfolgung und des Leidens, in die er nach Gottes Willen gehen muß, ehe er wirklich an sein hohes Ziel kommt. Zwar gelingt es dem Königssohn Jonathan noch einmal zu vermitteln (1. Samuel 19,1–7), aber bald bricht Sauls Haß hemmungslos und endgültig durch. Er kann nicht mehr ruhig schlafen, solange dieser David noch lebt. Jonathan selber muß David jetzt den Rat geben zu fliehen.

Und nun wird aus dem Günstling und Schwiegersohn des Königs der Geächtete, der von Ort zu Ort um sein Leben fliehen muß: vom Königshof in das Heiligtum der Priester von Nob, von dort zu den Philistern. Nur durch eine List entgeht er dort dem Tod: er stellt sich wahnsinnig (1. Samuel 21,11–16).

Dann geht es wieder zurück in die Höhlen und Klüfte der Wüste Juda. Ob David es will oder nicht, er zieht in seine Ächtung seine ganze Familie mit hinein. Auch sie kann nicht länger in diesem Land bleiben. Und es dauert nicht lange, bis andere zu ihm stoßen, die in einer ähnlichen Lage sind, *allerlei Männer, die in Not und Schulden und verbitterten Herzens waren* (1. Samuel 22,2). Der enge Vertraute des Königs muß sich notgedrungen dazu hergeben, Hauptmann einer Schar von Desperados zu werden, ein Partisanenführer, der, um zu überleben, von den Einwohnern der Umgegend gewisse Abgaben verlangt. – Davon wird etwa in der Geschichte von David und Nabal erzählt (1. Samuel 25).

Aber auch da läßt Saul ihm keine Ruhe. Manchmal entkommen David und seine ganze Schar nur um Haaresbreite den Verfolgern (1. Samuel 23). Und als die Hetzjagd kein Ende nimmt, da bleibt David schließlich doch wieder nur der Weg zu den Todfeinden des Volkes Israel, zu den Philistern.

Die Philister waren vielleicht nicht das einzige Volk in der Gegend, zu dem der Arm Sauls nicht reichte. Aber sie waren wahrscheinlich das einzige, das bereit war, David mit seiner ganzen Truppe aufzunehmen. Maßgebender, als daß David einmal ihr gefährlichster Gegner gewesen war, war für sie, daß er jetzt der Feind des israelitischen Königs war. Außerdem waren sie es gewohnt, Leute in den Kriegsdienst zu nehmen und ihnen Sold dafür zu bezahlen, wenn sie nur tüchtig waren. Und sie haben es vermutlich für keine schlechte Fügung gehalten, daß sie nun ihren gefürchtetsten Feind in die eigenen Reihen nehmen konnten.

So tritt David mit all seinen Gefolgsleuten – die ihre Familien mitführten – in den Dienst des Philisterfürsten Achisch von Gat (1. Samuel 27). Der belehnt ihn mit der Stadt Ziklag, die, soweit man das heute rekonstruieren kann, vermutlich irgendwo an der Südwestgrenze des Stammesgebietes von Juda lag, im heutigen

Negev. Es dürfte eine armselige Gegend gewesen sein. Aber vor Saul waren David und seine Truppe dort sicher.

Saul konnte jetzt zwar triumphieren, daß er den verhaßten Nebenbuhler zum Emigranten gemacht hatte – aber um welchen Preis! Statt sich für die entscheidende Auseinandersetzung mit den Philistern zu rüsten, die irgendwann kommen mußte, verzettelte er seine Kräfte in dem Kampf, den der böse Geist in ihm ohne Not entfesselt hatte. Einem Kampf, der ihn auch sonst in Taten hineintrieb, mit denen er sein Königtum selbst untergrub. – Denken wir nur an die dunkelste Tat seiner Regierung, als er in seinem Verfolgungswahn die fünfundachtzig Priester des Heiligtums von Nob samt Frauen und Kindern unbarmherzig umbringen ließ, nur weil sie David auf seiner Flucht für wenige Stunden aufgenommen hatten – und dabei nicht einmal wußten, daß er aus der Gunst des Königs gefallen war.

Für Saul war die Folge dieses grauenhaften Massenmords, daß er künftig keinen Vertreter des Priestertums mehr hatte, der für ihn Gott hätte befragen können. Der einzige Überlebende des Blutbads von Nob, ein gewisser Abjathar, floh zu David und wurde später in seinem Reich der Begründer eines neuen Priestergeschlechts. Für Saul aber bedeutete seine mörderische Tat einen weiteren Schritt in die völlige Gottverlassenheit.

Freilich, auch David ist auf dem Weg seiner Flucht vor Saul durch große Tiefen gegangen. Wenn wir den Psalter aufschlagen, dann finden wir über vielen Psalmen den Namen Davids. Daß sie alle von ihm verfaßt wurden, ist unwahrscheinlich. Dennoch kann daran kein Zweifel sein, daß man ihm später nicht so viele Psalmen zugeschrieben hätte, wenn er nicht als Psalmdichter bekannt gewesen wäre. Wie manche dieser Lieder und Gebete um Errettung aus tiefster Not, um Errettung von Bedrängnis und Verfolgern mögen ihren Ursprung in den Erfahrungen der Leidensjahre gehabt haben, in denen der künftige König Israels durch alle Tiefen der Angst und des Preisgegebenwerdens in die Hände der Menschen gegangen ist.

Aber diese Zeit schwerster Prüfung war gleichzeitig eine Schule der Bewährung. Im Wissen, daß er der Erwählte Gottes war, mußte er es doch tragen, daß diese Erwählung jahrelang nur als Verheißung über seinem Leben stand, deren Verwirklichung ganz und gar verborgen war unter dem Gegenteil, unter Ohnmacht, Schmach und Verfolgung. – Ebenso war später die Königsherrlichkeit des letzten Königs von Israel zunächst verborgen – und ist in gewissem Sinn noch immer verborgen – unter der Ohnmacht und Schmach des Kreuzes.

Auf diesem schweren Weg hat David eines gelernt: das Glauben. Denn wirklich glauben heißt, auf Gottes Hilfe warten, auch wenn nicht gleich etwas von ihr zu sehen ist. Und dieses Glauben im Warten auf die Hilfe Gottes hat David vor den beiden großen Gefahren seines Wegs bewahrt, die ihm in diesen Jahren drohten: zum einen, daß er als politischer Flüchtling im Feindesland an Gottes Berufung verzweifelte und mit seiner Schar einfach in dem heidnischen Volk dort aufging.

David bleibt auch im Land der Todfeinde des Volkes Israel der, der sich für die Ehre des lebendigen Gottes verantwortlich weiß. Den Plan des Achisch, ihn im direkten Kampf gegen seine eigenen Landsleute einzusetzen und ihn so endgültig an die Philister zu binden, hat er zu vereiteln gewußt. Daß er dabei seine Zuflucht zu einer Täuschung nahm und statt gegen seinen eigenen Stamm Juda gegen dessen räuberischen Nachbarn, die Amalekiter, zog und das dem Achisch verheimlichte – wer möchte ihm dafür in seiner Lage einen Vorwurf machen? Jedenfalls hat er sich auch in der Fremde bis zum letzten bemüht, dem Volk Gottes und auch dem Amt, in das Gott ihn gerufen hatte, die Treue zu bewahren.

Er verfiel auch nicht der zweiten, vielleicht noch größeren Gefahr seines Wegs, nämlich der Versuchung, sich selbst zu helfen und sich die äußere Königsgewalt zu erkämpfen, ehe Gott sie ihm gab. Diese Versuchung war um so größer, als David kein schwärmerischer Apostel absoluter Gewaltlosigkeit war, sondern eine Kämpfernatur, die blitzschnell im Kampf den eigenen Vorteil wahrzunehmen wußte. Und auch seinen Gefolgsleuten in ihrer kämpferischen Leidenschaft lag es viel näher, selbst Weltgericht zu spielen, als geduldig auf die Stunde zu warten, da Gott richten würde.

Aber David hat sich auch nicht eine Stunde darin irremachen lassen, daß die Aufrichtung des ihm von Gott verheißenen Königtums nicht seine, sondern Gottes Sache war, und daß es auch ihm, dem Kriegsmann, in dieser Sache verwehrt war, den Weg der Gewalt zu gehen. So ist er zwar vor Saul geflohen, aber er ist jedem Kampf mit ihm aus dem Weg gegangen. Ja, als der Zufall oder die List des großen Versuchers das Leben Sauls zweimal in seine Hand gab, da hat er dieses Leben sogar zweimal geschont. Eine dieser Geschichten steht in 1. Samuel 24:

Und David zog von dort hinauf und blieb in den Bergfesten bei En-Gedi. Als nun Saul zurückkam von der Verfolgung der Philister, wurde ihm gesagt: Siehe, David ist in der Wüste En-Gedi. Und Saul nahm dreitausend auserlesene Männer aus ganz Israel und zog hin, David samt seinen Männern zu suchen, in Richtung auf die Steinbockfelsen. Und als er kam zu den Schafhürden am Wege, war dort eine Höhle, und Saul ging hinein, um seine Füße zu decken. David aber und seine Männer saßen hinten in der Höhle.

Da sprachen die Männer Davids zu ihm: Siehe, das ist der Tag, von dem der Herr zu dir gesagt hat: Siehe, ich will deinen Feind in deine Hände geben, daß du mit ihm tust, was dir gefällt. Und David stand auf und schnitt leise einen Zipfel vom Rock Sauls. Aber danach schlug ihm sein Herz, daß er den Zipfel vom Rock Sauls abgeschnitten hatte, und er sprach zu seinen Männern: Das lasse der Herr ferne von mir sein, daß ich das tun sollte und meine Hand legen an meinen Herrn, den Gesalbten des Herrn; denn er ist der Gesalbte des Herrn. Und David wies seine Männer von sich mit harten Worten und ließ sie sich nicht an Saul vergreifen.

Als aber Saul sich aufmachte aus der Höhle und seines Wegs ging, machte sich auch David auf ihm nach und ging aus der Höhle und rief Saul nach und sprach: Mein Herr und König! Saul sah sich um. Und David neigte sein Antlitz zur Erde und fiel nieder. Und David sprach zu Saul: Warum hörst du auf das Geschwätz der Menschen, die da sagen: David sucht dein Unglück? Siehe, heute haben deine Augen gesehen, daß dich der Herr in meine Hand gegeben hat in der Höhle, und man hat mir gesagt, daß ich dich töten sollte. Aber ich habe dich verschont; denn ich dachte: Ich will meine Hand nicht an meinen Herrn legen; denn er ist der Gesalbte des Herr. Mein Vater, sieh doch hier den Zipfel deines Rocks in meiner Hand! Daß ich den Zipfel von deinem Rock schnitt und dich nicht tötete, daran erkenne und sieh, daß meine Hände rein sind von Bosheit und Empörung. Ich habe mich nicht an dir versündigt; aber du jagst mir nach, um mir das Leben zu nehmen. Der Herr wird Richter sein zwischen mir und dir und mich an dir rächen, aber meine Hand soll dich nicht anrühren...

Als nun David diese Worte zu Saul geredet hatte, sprach Saul: Ist das nicht deine Stimme, mein Sohn David? Und Saul erhob seine Stimme und weinte. Und sprach zu David: Du bist gerechter als ich, du hast mir Gutes erwiesen; ich aber habe dir Böses erwiesen. Und du hast mir heute gezeigt, wie du Gutes an mir getan hast, als mich der Herr in deine Hände gegeben hatte und du mich doch nicht getötet hast. Wo ist jemand, der seinen Feind findet und läßt ihn mit Frieden seinen Weg gehen? Der Herr vergelte dir Gutes für das, was du heute an mir getan hast!...

Da zog Saul heim. David aber mit seinen Männern zog hinauf auf die Bergfeste.

Es gibt keine Geschichte, in der wir David so groß sehen. Seit Jahren ist er geächtet, samt seiner Familie von Haus und Hof verjagt, zum Bettler geworden, von Versteck zu Versteck gehetzt. Und jetzt liegt der Mann vor ihm, der das alles über ihn gebracht hat und der nicht aufhören wird, ihn erbarmungslos zu verfolgen. Da liegt er auf dem Boden, schlafend, völlig in seine

Hand gegeben. Ein einziger Schwerthieb könnte alle seine Not beenden. Hinter ihm stehen die Kampfgenossen und preisen Gottes Fügung, die ihm diese Gelegenheit gibt.

David aber tut den einzigen Schwertstreich nicht, und er läßt ihn auch keinen anderen tun. Nicht weil er Angst hätte, auch nicht aus Sentimentalität, sondern weil er es nicht darf. Die anderen sehen in diesem Schlafenden nur den Feind und Verfolger. David sieht mehr. Er sieht den Gesalbten Gottes, den kein Mensch richten darf, sondern nur Gott allein. Und so verzichtet er, in seinem Gewissen von Gott gebunden, auf den Weg der Selbsthilfe und befiehlt seinen Streit mit Saul Gott: *Der Herr wird Richter sein zwischen dir und mir, aber meine Hand soll nicht über dir sein* (1. Samuel 24,16).

An dem schweren Weg, den David als von Saul Verfolgter und Gehetzter, der sich selbst nicht helfen durfte, gehen mußte, blüht nun aber auch eine Blume von seltenster Schönheit, die Freundschaft mit dem Sohn seines Todfeindes: Jonathan. – Da steht im alten Testament eine der edelsten und ergreifendsten Geschichten von Freundschaft, die es in der ganzen Weltliteratur gibt.

Als ältester Sohn Sauls war Jonathan der Thronfolger. Wenn einer Grund gehabt hätte, David als Nebenbuhler zu hassen, dann wäre er es gewesen. Aber statt dessen geschieht das Wunder, daß gerade er dem Feind des Vaters sein ganzes Herz erschließt und seine ganze Liebe zuwendet.

Es ist die Zuneigung eines durch und durch adligen Menschen, der David ebenbürtig ist an Gaben des Leibes und der Seele. Auch Jonathan war ein Kriegsheld. Ehe David kam, war er die herausragendste Gestalt des israelitischen Heeres gewesen, die Seele des Befreiungskampfs gegen die Philister (1. Samuel 14+15). Er hatte die Körperkraft und die Tapferkeit seines Vaters geerbt, nicht aber dessen Mißtrauen und düsteres Brüten. Als nun David kam und alle Herzen gewann und mit seinem Ruhm bald auch Jonathan überstrahlte, da hat dieser nicht, wie es menschlich so verständlich gewesen wäre, mit Neid und Mißgunst reagiert, sondern er ist ohne Vorbehalt Davids Freund geworden. *Jonathan gewann ihn lieb wie sein eigenes Herz* (1. Samuel 18,1).

Es war keine blinde, gedankenlose Liebe, sondern eine Liebe, die sich aller Konsequenzen dieser Freundschaft bewußt war. Auch Jonathan hat – wie sein Vater Saul – mit hellsichtiger Klarheit in David den Erwählten Gottes gesehen, den von Gott bestimmten Thronanwärter. Aber während Saul sich gegen diese Erwählung mit aller Leidenschaft seines Wesens aufbäumte, hat Jonathan es über sich gebracht, sich ihr zu fügen: Ja dazu zu sagen, daß Gottes Erwählung sich nicht durch Fleisch und Blut vom Vater auf den Sohn vererében muß, sondern daß sie allein die freie Wahl seiner Gnade bleibt.

Jonathan hat David seine Waffenrüstung geschenkt, das Kostbarste, was ein adliger Mensch jener Zeit besaß. Es war gleichzeitig noch einmal eine Handlung von sinnbildlicher Bedeutung: Der Erbe des Hauses Saul legt David seine Rüstung an. Jonathans Freundschaft hat auch darum alle Belastungsproben überdauert, selbst die bittere Feindschaft seines Vaters gegen David, weil er sie im Wissen um die Erwählung aufrechterhielt – weil hinter ihr bereits der bewußte Verzicht Jonathans auf das Königtum stand.

Jonathan hat in leidvoller Weise zwischen David und Saul gestanden. Er hat beiden die Treue gehalten. Seinem Vater, an den er gebunden war durch das vierte Gebot und den er nicht verlassen hat bis zu seinem Tod. – Aber auch seinem Freund, mit dem er einen ewigen Bund geschlossen hatte. Er hat von ihm einen ergreifenden Abschied genommen (1. Samuel 20,35ff.).

Und als David als Verfemter und Geächteter in der Wüste Juda umherirrte, da ist Jonathan noch einmal zu ihm gekommen. Und er *stärkte sein Vertrauen auf Gott und sprach zu ihm: Fürchte dich nicht! Sauls, meines Vaters, Hand wird dich nicht erreichen, und du wirst Köng werden über Israel, und ich werde der Zweite nach dir sein; auch mein Vater weiß das sehr wohl*

(1. Samuel 23,16f.). Die beiden Freunde haben einander nicht wiedergesehen. David ist König über Israel geworden, wie Gott es verheißen und wie Jonathan es bejaht hatte. Aber ehe es dazu kam, ist Jonathan auf den Gilboa-Bergen gefallen, hineingerissen in den Untergang seines Vaters Saul, tief betrauert von dem, der nun die Nachfolge antrat, die Nachfolge auch seines Freundes Jonathan.

Zuvor hatte freilich auch Davids Weg im Philisterland zweimal um Haaresbreite an einer Katastrophe vorbeigeführt. Die Philister hatten sich nämlich endlich entschlossen, zum vernichtenden Stoß gegen Israel unter seinem Vater Saul anzutreten. Es gelang ihnen, dafür ein Bündnis aller Seevölker, auch derer, die an der Küste weiter nördlich wohnten, zusammenzubringen. So konnten sie Saul diesmal mit einer größeren Truppenmacht entgegentreten als je zuvor.

Außerdem war ihnen der Niedergang der Königsmacht Sauls natürlich nicht entgangen. Was brauchten sie einen israelitischen König noch groß zu fürchten, der seine besten Leute in die Emigration zwang, und der durch Wahnsinnstaten, wie die Ermordung der Priester von Nob, die Vertrauensbasis seiner eigenen Herrschaft zerstörte? Sie sahen den Tag gekommen, an dem sie endgültig mit diesem König Saul abrechnen konnten.

David aber kam nun in die schwerste Gewissensnot seines Lebens. Sein Bestreben, auch im Lager der Philister nicht zum Feind des Gottesvolkes zu werden, schien am Ende zu sein. Fürst Achisch von Gat hat ihm inzwischen sein ganzes Vertrauen geschenkt. Er hatte ihn sogar zum Anführer seiner Leibwache ernannt (1. Samuel 28,2). Achisch hielt es für selbstverständlich, daß sein getreuer Lehensmann sich mit Freuden an der Abrechnung mit Saul beteiligen werde, der ja auch sein Feind war. Denn er meinte ja immer noch, David wäre brav gegen seine jüdischen Landsleute ins Feld gezogen.

Nun stand David an dem Punkt, an dem sein Weg zwischen den Fronten nicht mehr weiterführte. Jetzt mußte er wählen zwischen der Treue zu seinem jetzigen Lehensherrn, der ihn immerhin vor Saul gerettet hatte, und der Treue zu seinem Volk, das Gottes Volk war. Nach der Lage der Dinge blieb ihm überhaupt keine Wahl. Wenn er nicht sein Leben und das seiner Männer auf der Stelle verspielen wollte, mußte er mit Achisch zumindest einmal zum Versammlungsort des Philisterheeres mitziehen.

Da aber wurde der ausweglose Gewissenskonflikt ohne Zutun Davids auf ein überraschende Weise gelöst. Die anderen Philisterfürsten sahen nämlich nüchterner als Achisch, wie gewagt es war, die Treue eines Mannes auf eine solche Probe zu stellen. Sie hatten nicht vergessen, daß David einmal der gefürchtete Vorkämpfer der Israeliten gegen sie gewesen war. Wer konnte die Hand dafür ins Feuer legen, was dieser große Philisterschreck tun würde, wenn er seinen eigenen Landsleuten gegenüberstand? Ob er dann der Versuchung widerstehen würde, der Retter des Vaterlandes zu werden und im gemeinsamen Kampf gegen die alten Feinde alle Zwistigkeiten mit seinem König zu begraben?

So erklärten sie dem Achisch kurz und bündig: Du bist wohl nicht ganz bei Trost! Diesen Mann schickst du sofort wieder heim! – Und Achisch blieb nichts anderes übrig, als sich unter Protest gegen dieses Mißtrauen in seine Menschenkenntnis dem Kriegsrat zu fügen und David den Befehl zum sofortigen Heimmarsch zu geben.

Es entbehrt nicht einer gewissen Komik, daß David seinem Lehensherrn gegenüber nun auch noch so tun mußte, als sei er darüber tief gekränkt: Ja mißtraust du mir denn? – In Wirklichkeit hat wohl nie ein Befehl eine größere innere Befreiung für ihn bedeutet. Gott selbst hatte seinen Erwählten davor bewahrt, unter heidnischen Fahnen gegen das Heer des lebendigen Gottes kämpfen zu müssen.

Doch bei seiner Rückkehr erwartete in ein neuer Schreck. Alles, was er von seinem Standquartier Ziklag noch vorfand, war ein rauchender Trümmerhaufen. Die Amalekiter hatten seine Abwesenheit benutzt, um gründlich Rache für seine

Raubzüge in ihr Gebiet zu nehmen. Sie hatten Ziklag überfallen, geplündert und niedergebrannt und alles, was lebte, Frauen, Kinder und das Vieh, mitgenommen.

Man muß sich vorstellen, was das bedeutet, wenn Menschen, die schon ihre Heimat haben aufgeben müssen, auf einmal auch das Letzte verlieren, was sie noch gehabt haben: ihre Familien, ihre armseligen Wohnstätten, den Rest ihrer Habe. Kein Wunder, daß die Gefolgsleute Davids halb von Sinnen waren. Und wer war schuld? Natürlich der Hauptmann, der die Stadt ohne Schutz gelassen hatte. Nur mit Mühe entging David dem Schicksal, von seinen eigenen Leuten gesteinigt zu werden.

Aber nach dem ersten furchtbaren Ausbruch gelang es ihm, seine Männer zu beruhigen und ihnen klarzumachen, daß jetzt nur eins helfen konnte: in Eilmärschen sofort die Verfolgung des Feindes aufzunehmen. Und siehe da, es gelang, die Amalekiter, die mit keinerlei Verfolgung rechneten, völlig zu überraschen. Aus ihrem billigen Sieg über Frauen und Kinder wurde eine schwere Niederlage, und alle Beute wurde ihnen wieder abgejagt. Als Sieger kehrten David und seine Männer mit den befreiten Frauen und Kindern heim, mit tiefem Dank gegen den, der sie ein zweites Mal aus einer unabsehbaren Katastrophe gerettet hatte (1. Samuel 30).

4.

Der Weg zum Thron

1. Samuel 28;31; 2. Samuel 1 – 6;8;10

Während David durch die letzten Tiefen seines Emigrationswegs ging, hatte sich an anderer Stelle bereits der Vorhang vor dem letzten Akt des Dramas um Saul gehoben. Der Angriff der Philister erfolgte diesmal nicht nur mit besonders überlegener militärischer Macht, sondern auch mit einer fast tödlichen Strategie: Statt Saul wie bisher direkt von Westen her anzugreifen, stießen die Philister zunächst nördlich an ihm vorbei in die große Jesreel-Ebene, die zwischen Samaria und Galiläa liegt. Sie trennten damit das Gebiet der Israelstämme in zwei Teile und schnitten Saul so von jedem Zuzug der im Norden wohnenden Stämme ab. Da er auch von dem Stamm Juda nicht viel Unterstützung zu erwarten hatte, versetzten sie ihn damit von Anfang an in eine fast aussichtslose Lage.

Noch schlimmer war, daß sein Stern im eigenen Volk schon lange im Sinken war. Alle merkten, daß er nicht mehr die geistesmächtige Persönlichkeit war, als die er vor Jahren einmal vor sein Volk getreten war. Er war mehr und mehr ein von dunklen Mächten Getriebener geworden. Und dieser Zerfall im innersten Bereich seines Wesens zog unausweichlich auch den Zerfall seiner Königsmacht nach außen nach sich.

Wie weit jener innere Zerfall bei ihm schon fortgeschritten war, das zeigt mit erschütternder Deutlichkeit eine Begebenheit, die sich im Dunkel der Nacht vor der Schlacht mit den Philistern zugetragen hat:

Als aber Saul das Heer der Philister sah, fürchtete er sich, und sein Herz verzagte sehr. Und er befragte den Herrn; aber der Herr antwortete ihm nicht, weder durch Träume noch durch das Los ›Licht‹, noch durch Propheten. Da sprach Saul zu seinen Getreuen: Sucht mir ein Weib, das Tote beschwören kann, daß ich zur ihr gehe und sie befrage. Seine Männer sprachen zu ihm: Siehe, in Endor ist ein Weib, das kann Tote beschwören.

Und Saul machte sich unkenntlich und zog andere Kleider an und ging hin und zwei Männer mit ihm, und sie kamen bei Nacht zu dem Weibe. Und Saul sprach: Wahrsage mir, weil du Geister beschwören kannst, und hole mir herauf, wen ich dir nenne. Das Weib sprach zu ihm: Siehe, du weißt doch selbst, was Saul getan hat, wie er die Geisterbeschwörer und Zeichendeuter ausgerottet hat im Lande; warum willst du mir denn eine Falle stellen, daß ich getötet werde? Saul aber schwor ihr bei demHerrn und sprach: so wahr der Herr lebt: es soll dich in dieser Sache keine Schuld treffen.

Da sprach das Weib: Wen soll ich dir denn heraufholen? Er sprach: Hol mir Samuel herauf! Als nun das Weib merkte, daß es um Samuel ging, schrie sie laut und sprach zu Saul: Warum hast du mich betrogen? Du bist Saul. Und der König sprach zu ihr: Fürchte dich nicht! Was siehst du? Das Weib sprach zu Saul: Ich sehe einen Geist heraufsteigen aus der Erde. Er sprach: Wie ist er gestaltet? Sie sprach: Es kommt ein alter Mann herauf und ist bekleidet mit einem Priesterrock. Da erkannte Saul, daß es Samuel war, und neigte sich mit seinem Antlitz zur Erde und fiel nieder.

Samuel aber sprach zu Saul: Warum hast du meine Ruhe gestört, daß du mich heraufsteigen lässest? Saul sprach: Ich bin in großer Bedrängnis, die Philister kämpfen gegen mich, und Gott ist von mir gewichen und antwortet mir nicht, weder durch Propheten noch durch Träume; darum hab' ich dich rufen lassen, daß du mir kundtust, was ich tun soll. Samuel sprach: Warum willst du mich befragen, da doch der Herr von dir gewichen und dein Feind geworden ist? Der Herr hat dir getan, wie er durch mich geredet hat, und hat das Königtum aus deiner Hand gerissen und David, deinem Nächsten gegeben. Weil du der Stimme des Herrn nicht gehorcht und seinen grimmigen Zorn nicht an Amalek vollstreckt hast, darum hat der Herr dir das jetzt getan. Dazu wird der Herr mit dir auch Israel in die Hände der Philister geben. Morgen wirst du mit deinen Söhnen bei mir sein. Auch wird der Herr das Heer Israels in die Hände der Philister geben.

Da stürzte Saul zur Erde, so lang er war, und geriet in große Furcht über die Worte Samuels. Auch war keine Kraft mehr in ihm; denn er hatte nichts gegessen den ganzen Tag und die ganze Nacht. Und das Weib trat zu Saul und sah, daß er sehr erschrokken war, und sprach zu ihm: Siehe, deine Magd hat deiner Stimme gehorcht, und ich habe mein Leben aufs Spiel gesetzt, als ich die Worte hörte, die du zu mir gesagt hast. So gehorche du nun auch der Stimme der Magd! Ich will dir einen Bissen Brot vorsetzen, daß du issest und zu Kräften kommst und deine Straße gehen kannst. Er aber weigerte sich und sprach: Ich will nicht essen. Da nötigten ihn seine Männer und das Weib, bis er auf sie hörte. Und er stand auf von der Erde und setzte sich aufs Bett. Das Weib aber hatte im Haus ein gemästetes Kalb; das schlachtete sie eilends und nahm Mehl und knetete es und backte ungesäuertes Brot und setzte es Saul und seinen Männern vor. Und als sie gegessen hatten, standen sie auf und gingen fort in die Nacht (1. Samuel 28,5–25).

Das ist vielleicht die unheimlichste Geschichte der ganzen Bibel. *Als aber Saul das Heer der Philister sah, fürchtete er sich, und sein Herz verzagte sehr.* – Dieses Philisterheer war sicher seinem Heer an Zahl weit überlegen. Aber ebenso sicher ist, daß er es mit einem noch viel überlegenerem Philisterheer zu tun gehabt hatte, als er König wurde. Warum hatte er damals trotzdem den Kampf furchtlos aufgenommen?

Damals war er der Erwählte, der im Vertrauen auf Gottes Hilfe in den Kampf zog. Diesmal aber war er allein. Jetzt hätte er aus dieser tödlichen Einsamkeit gerne herausgefunden. Er fragt Gott um Rat. Aber er bekommt keine Antwort. Gott läßt den allein, der über seine angekündigte Verwerfung nie wirklich Buße getan hat; der seine Zeit damit vertan hat, sich in menschlichem Trotz gegen Gottes Verwerfungsurteil aufzulehnen und zu zeigen, daß er auch ohne Gottes Zustimmung König sein und bleiben konnte. Jetzt dämmert ihm, daß er damit am Ende ist, daß der Tag unausweichlich naht, da Gottes Wort auch über seinem Leben recht behalten wird.

Wo Gott einen Menschen zunichte machen will, da braucht er keinen Finger zu rühren. Sein Schweigen angesichts der Macht der Feinde genügt, um Saul in Todesangst zu stürzen. Und in der Haltlosigkeit seiner Angst tut er schließlich etwas, das deutlicher als alles andere zeigt, wie tief er schon gefallen ist: Er, der einst als der Gesalbte Gottes alle heidnische Wahrsagerei im Land ausgerottet hatte, schleicht sich jetzt mit zwei Gefolgsleuten in finsterer Nacht zu einem heidnischen Wahrsageweib, verkleidet, damit niemand ihn erkennt. Es ist eine durch und durch unheimliche Szene, die sich da in den Stunden der kurzen Sommernacht vor der Schlacht im Dorf Endor, im Rücken des Philisterheers, abspielt.

Die »Hexe von Endor« ist eine Totenbeschwörerin, wie sie alle Heiden kennen. Ohne Zweifel ist bei Totenbeschwörungen immer auch viel Betrug im Spiel gewesen. – Ob immer nur Betrug, wer will das sagen? Das ist auch gar nicht die entscheidende Frage. Die entscheidende Frage ist eine ganz andere: ob wir Menschen dem Wort Gottes ausweichen können, indem wir andere Weisungen suchen, die wir lieber hören möchten?

Gott hat uns in seinem Wort die entscheidende Weisung für unser Leben gegeben. Wenn wir es nicht hören wollen und nach anderen Wegleitungen suchen, die uns besser zusagen, dann wird es uns so gehen, wie es Saul in dieser Geschichte gegangen ist: Wir werden zuletzt vor nichts anderem stehen als vor Gottes Gericht. – Daran sollten wir denken, wenn wir versucht sind, uns mit spiritistischen Medien oder ähnlichem einzulassen.

Daß in Endor etwas Unerklärliches geschehen ist, etwas, was

jenseits der Möglichkeiten auch des geschicktesten Betrugs lag, wird an einer Tatsache deutlich: Die Frau, die Saul sicher noch nie in ihrem Leben gesehen hatte, erkennt ihn trotz seiner Verkleidung plötzlich mit Sicherheit und großem Schrecken: *Du bist ja Saul!* – Wie auch immer es zugegangen ist, Saul erfährt die Wahrheit über sein Geschick. Aber diese Wahrheit ist Gericht.

Seltsam, daß Saul auch in dieser Stunde seiner tiefsten Verzweiflung von dem Mann nicht loskommt, der ihn einst im Auftrag Gottes zum König gesalbt und der ihm ebenfalls im Auftrag Gottes seine Verwerfung verkündigt hatte. Welche Wirklichkeit steht hinter der Schau des Totengeistes von Samuel? Ist diese Frau wirklich in Verbindung mit dem Toten getreten? Oder benützt Gott sie nur als Werkzeug, um Saul endgültig das Gericht zu verkündigen?

Auf jeden Fall erfährt Saul die Wahrheit. Aber es ist eine Wahrheit, die ihn zu Boden wirft. Die Stunde der Vollstreckung ist gekommen: *Morgen wirst du mit deinen Söhnen bei mir sein.* – Du und deine Söhne ... Er reißt seine Söhne, mindestens äußerlich, mit in sein Gericht hinein.

Als gebrochener Mann geht Saul zurück, noch einmal den weiten Weg um das Philisterheer herum. Er muß am nächsten Morgen auch körperlich zu Tode erschöpft gewesen sein. Aber schlimmer ist das andere: Wie kann ein Heer siegen, dessen Anführer mit der Gewißheit des Untergangs in den Kampf zieht?

Und so kommt alles, wie es kommen muß. Vor dem Angriff der überlegenen Philistermacht zerbricht der israelitische Heerbann. Die Schlacht löst sich nach kurzer Zeit in Einzelkämpfe auf zwischen den fliehenden Israeliten und ihren Verfolgern. Die hängen sich vor allem an Saul und seine Söhne. Man erkennt sie an ihrem Gefolge von schwerbewaffneten Berufskriegern, dem eigentlichen Kern des israelitischen Heeres. Dieser Kern wird nun Mann um Mann aufgerieben.

Im verzweifelten Versuch, ihren verwundeten Vater zu dekken, fallen die drei Königssöhne Jonathan, Abinadab und Malkischua. Schließlich ist Saul mit seinem Waffenträger allein, schwer verletzt durch Pfeilschüsse, ohne jede Aussicht auf ein Entkommen. Lebendig will er auf keinen Fall in die Hände der Feinde fallen. Er weiß, was ihm dort bevorstünde. So gibt er seinem Waffenträger den Befehl, ihm den Todesstoß zu versetzen. Der weigert sich. Da stürzt Saul sich selbst in sein Schwert. Sein Waffenträger tut es ihm nach. – Mit diesem düsteren Bild fällt der Vorhang über dem Leben des ersten israelitischen Königs.

Was die Philister den Lebenden nicht mehr antun konnten, das tun sie den Toten. Saul und seine Söhne sind für sie noch immer Rebellen gegen die Philisterherrschaft. So vollziehen sie an ihren Leichen symbolisch die Todesstrafe der Pfählung und stellen sie so auf die Mauern der Stadt Beth-Schean am Jordan, zugleich als Zeichen, wie weit ihre Macht jetzt reicht.

Einige Tage später steht nachts eine Schar bewaffneter Männer vor Beth-Schean und verlangt ultimativ die Herausgabe dieser Toten. Sie nehmen sie mit sich und geben ihnen in ihrer Stadt ein Begräbnis. – Diese Leute kamen von der Stadt Jabesch in Gilead, die Saul einst aus einer schweren Bedrängnis durch die Ammoniter gerettet hatte. Es war sein erster großer Sieg gewesen. So leuchtet auch über dem düsterem Untergang dieses ersten israelitischen Königs zuletzt noch ein ergreifendes Zeichen menschlicher Treue. Und einer hat den Männern von Jabesch das gedankt: David, der es sich später nicht nehmen ließ, die Gebeine Sauls und seiner Söhne in das Erbbegräbnis ihrer Sippe zu überführen.

Zunächst aber erleben wir jetzt wieder einen der dramatischen Wendepunkte im Leben Davids. Zu Tode erschöpft lagert er mit seiner Truppe und den geretteten Frauen und Kindern vor den Trümmern von Ziklag. Da tritt plötzlich ein Mann vor David mit zerrissenen Kleidern und Erde auf seinem Haupt – dem Zeichen tiefster Trauer. Er fällt vor ihm auf sein Angesicht nieder.

Dieser Mann ist eine merkwürdige Gestalt: Nach seiner eigenen Angabe ist er von Herkunft ein Amalekiter, aber als Gastarbeiter auf israelitischem Gebiet tätig und darum unter israelitischem Schutz stehend. So kann es durchaus stimmen, was er behauptet: daß er mit dem israelitischen Heerbann ausgezogen sei.

Er bringt nicht nur Nachricht über den Ausgang der Schlacht, sondern auch angeblich zuverlässige Nachricht über Sauls Tod. Er selbst will ihn auf seine Bitte getötet haben, als er, nach verlorener Schlacht verwundet, von seinen Feinden umstellt war. Als Beweis für die Wahrheit seiner Erzählung zieht er aus seinen Lumpen zu aller Erstaunen den goldenen Stirnreif und das Armgeschmeide Sauls heraus und legt es huldigend vor David nieder.

Seine Erzählung war im entscheidenden Punkt erlogen. Er hatte Saul nicht getötet. Der Mann war wohl auch kein Soldat, sondern ein Leichenfledderer, der in der Nacht nach der Schlacht nach Beute herumgestrichen war. Dabei war er zufällig auf die Leiche Sauls gestoßen und hatte von ihr das mitgenommen, was man leicht tragen und verbergen konnte, eben seinen Königsschmuck. Was er über die Tötung Sauls gesagt hatte, war Angeberei, mit der er sich bei dessen Todfeind David wichtig machen und seinen Dank verdienen wollte.

Hätte er die Wahrheit gesagt, es wäre ihm sicher nichts geschehen. Er hatte den Königsschmuck ja nicht behalten, und er hatte ihn immerhin davor gerettet, in die Hand der Philister zu fallen. Aber seine Angeberei wurde ihm zum Verhängnis. Er ahnte ja nicht, an was für Dinge er damit bei David rührte.

Es ist sehr wahrscheinlich, daß David seine Angeberei durchschaut hat. Aber schon, daß er sich herausnahm zu behaupten, er habe gewagt, was David selbst nie gewagt hätte, nämlich den Gesalbten Gottes zu töten, kostete ihn das Leben. David ließ ihn auf der Stelle niederstoßen, als Frevler, der sich selber – mindestens mit Worten – etwas angemaßt hatte, was kein Mensch sich anmaßen durfte: *... denn dein Mund hat gegen dich* *selbst geredet, als du sagtest: Ich habe den Gesalbten des Herren getötet* (2. Samuel 1,16).

Was diesem Boten gefehlt hat, die Ehrfurcht vor dem gottgewirkten Geschick des ersten israelitischen Königs, das hat David in allerhöchstem Maß bewiesen. Wenn irgendwann, dann wird in diesem Augenblick deutlich, wie sehr dieser Mann in seinem Wesen schon König ist. Da ist auch nicht die leiseste Spur von Genugtuung über das Ende des Mannes, der ihn zum heimatlosen Flüchtling gemacht hat und der ihm nach dem Leben getrachtet hatte, auch nicht die leiseste Spur einer pharisäischen Haltung gegenüber dem Gericht Gottes, das sich hier vollzogen hat.

Es spricht für den absolut königlichen Sinn Davids, daß er angesichts des Endes seines Todfeindes kein anderes Wort gefunden hat als das der Klage. – Wir müssen dabei berücksichtigen, daß David in einem Volk gelebt hat, in dem die feierliche Totenklage feste Sitte war. Die nächsten Angehörigen haben sie für den Toten gehalten. – Während sicher Tausende in Israel dem König fluchten, der sie zuletzt ins Unglück geführt hatte, hält der eine, der am meisten Grund gehabt hätte, ihm zu fluchen, diesem König die Totenklage. Es ist ein Lied von hoher dichterischer Schönheit und ergreifendem Adel der Gesinnung, in dem er diese Totenklage ausgesprochen hat, das berühmte Bogenlied (2. Samuel 1,19–27):

Die Edelsten in Israel sind auf deinen Höhen erschlagen.
Wie sind die Helden gefallen!

Sagt's nicht an in Gat,
verkündet's nicht auf den Gassen in Aschkelon,
daß sich nicht freuen die Töchter der Philister,
daß nicht frohlocken die Töchter der Unbeschnittenen.
Ihr Berge von Gilboa, es soll weder tauen
noch regnen auf euch, ihr trügerischen Gefilde;

denn daselbst ist der Helden Schild verworfen,
der Schild Sauls, als sei er nicht gesalbt mit Öl.

Der Bogen Jonathans hat nie gefehlt,
und das Schwert Sauls ist nie leer zurückgekommen
von dem Blut der Erschlagenen und vom Mark der Helden.
Saul und Jonathan, geliebt und einander zugetan.
im Leben und im Tod nicht geschieden;
schneller waren sie als die Adler
und stärker als die Löwen.
Ihr Töchter Israels, weinet über Saul,
der euch kleidete mit kostbarem Purpur
und euch schmückte mit goldenen Kleinoden
an euren Kleidern.

Wie sind die Helden gefallen im Streit!
Jonathan ist auf deinen Höhen erschlagen!

Es ist mir leid um dich, mein Bruder Jonathan,
ich habe große Freude und Wonne an dir gehabt;
deine Liebe ist mir wundersamer gewesen als Frauenliebe ist.

Wie sind die Helden gefallen
und die Streitbaren umgekommen.

Das ist hebräische Dichtung. In ihr gibt es keine Reime wie bei uns im Deutschen. Das Dichterische liegt im Rhythmus und in der Melodie der Sprache, in den Wiederholungen der Halbverse, aber auch in den Bildern, die gebraucht werden.

Das Lied ist eine Totenklage um einen gefallenen Helden. David rühmt das, was man ohne Unwahrhaftigkeiten an Saul rühmen konnte: den streitbaren Helden, den adligen Kämpfer. Er stellt ihn noch einmal dorthin, wo er einst stand: auf die Höhe seines Ruhmes. Und er übergeht, was sein Bild später verdunkelt hat.

In dieses Ruhmlied sind alle Gefallenen von Gilboa eingeschlossen. Und vor allem hat David seinem toten Freund Jonathan hier ein unvergängliches Denkmal gesetzt: *Es ist mir leid um dich, mein Bruder Jonathan, ich habe große Freude und Wonne an dir gehabt; deine Liebe ist mir wundersamer gewesen, als Frauenliebe ist.* Dieses Lied ist nicht nur das Bekenntnis Davids zu der großen tragischen Freundschaft seines Lebens. Es steht auch mit einem reinen, über allem nachhallenden Klang über dem nicht durch Davids Schuld zuletzt so bitter und belastend gewordenen Verhältnis zu Saul.

Saul, der von Gott verworfene erste König von Israel, war also tot. Gottes Richterspruch, durch Samuel verkündigt, war auf den Bergen von Gilboa durch die Hände der Heiden vollstreckt worden. Nun gab es nur noch einen Gesalbten Gottes, und der hieß David. Lag nun das Land nicht offen vor ihm, seine Königsherrschaft erwartend? War jetzt nicht die Stunde, da er mit einem einzigen raschen Griff die Königskrone über Gesamtisrael gewissermaßen nur aufzulesen brauchte?

Wir wissen nicht, welche Erwägungen David angestellt hat, aber was er getan hat, ist wieder einmal tief bezeichnend für ihn: *Und David fragte den Herrn* (2. Samuel 2,1). – Wie oft steht das in der Geschichte Davids! So oft, daß damit sicher eine Gewohnheit benannt ist. Aber diese Gewohnheit hat ihn auch so oft vor Wegen bewahrt, die im Augenblick vielleicht recht verlockend erschienen, von denen aber sehr die Frage war, ob sie sich auch auf weite Sicht als richtig erweisen würden.

In diesem Fall hat ihn die Gewohnheit, den Herrn zu fragen, vor einem allzu raschen Griff nach der ganzen Königsmacht bewahrt. *David befragte den Herrn.* Und Gott, der ihn in seine Schule der Geduld genommen hatte, hat ihn auch jetzt einen anderen Weg geführt, als er menschlichem Denken vielleicht nahegelegen hätte: den Weg einer sehr allmählichen, schrittweisen und geduldigen Verwirklichung seiner Königsherrschaft über das gesamte Volk Israel.

David hat sich diesen Weg weiterhin ohne Widerspruch führen lassen. Er hat auch da nicht die Geduld verloren, als Gott die Verheißung, die nun schon so lange auf ihm lag, selbst nach Sauls Tod zunächst nur zu einem Teil erfüllte. Er hat es hingenommen, zunächst nur König über einen einzigen der zwölf Stämme zu werden, über seinen Heimatstamm Juda. Als solcher hatte er seine Residenz nicht etwa in Jerusalem – das war damals noch in der Hand der Jebusiter –, sondern in der alten Abrahamstadt Hebron.

Die alten Gefolgsleute Sauls hatten sich keineswegs alle schon damit abgefunden, daß die Zeit des Hauses Saul vorbei war. Der Anführer dieser Partei war Abner, der Führer des israelitischen Heeres, Waffengefährte und Onkel Sauls, ein tapferer, aber auch verschlagener Mann. Er war bei der Katastrophe auf den Gilboa-Bergen davongekommen. Als Seniorchef des Hauses Saul, aber ganz bestimmt auch, um seine eigene Stellung zu halten, hat er nach dem Tod Sauls und aller seiner regierungsfähigen Söhne sich entschlossen, die Sache des Hauses Saul in seine Hand zu nehmen. Ein Sohn Sauls war ja noch am Leben, der vierzigjährige Isch-Boscheth, ein offenbar völlig unbedeutender Mann, der bei der Schlacht auf den Gilboa-Bergen nicht einmal dabeigewesen war. Er wurde jetzt von Abner zum König über die Israelstämme ausgerufen, ein König ganz von Abners Gnaden, ja mehr oder minder ein bloßes Aushängeschild des Mannes, der die Macht über das Heer hatte.

So ist es jetzt zu derselben Zweiteilung des Reiches gekommen, die nach dem Tod Salomos wieder eingetreten und dort endgültig geworden ist. – War das nicht jetzt schon ein schweres Unglück? Hätte David nicht durch einen raschen Griff nach der Macht die Einheit von Gesamtisrael wiederherstellen können? Tatsächlich war der Weg geduldigen Gehorsams, den David ging, auch der politisch klügste und auf lange Sicht aussichtsreichste Weg, um gerade diese Einheit zu erreichen. Denn als Angehöriger des Stammes Juda schien David keineswegs allen dazu vorherbestimmt, gerade die Einheit des Volkes

Israel zu verwirklichen. Die Judäer waren im Gesamtverband der Israelstämme immer Außenseiter gewesen. Schon durch ihre Wohnsitze am Südrand des israelitischen Gebiets hatten sie seit jeher ein Sonderdasein geführt. Ihr Gebiet grenzte auf drei Seiten an Wüste oder mindestens Steppe. Darum blieb hier am meisten von der rauhen Art des Hirtenvolkes bewahrt, das Israel von seinem Ursprung her war. Die Israeliten weiter im Norden, die mitten im Kulturland saßen, waren Ackerbauer geworden und hatten sich viel stärker der feineren kanaanitischen Kultur geöffnet. Die Judäer waren für sie so ein bißchen die armen Verwandten vom Lande, mit denen man sich nicht gerne auf der Straße sehen ließ.

Man kann sich leicht vorstellen, daß sie nicht eben entzückt waren von der Aussicht, ausgerechnet diese armen Verwandten würden jetzt den König stellen. Selbst ein König, der David hieß, mußte mit der tiefen gefühlsmäßigen Abneigung rechnen, die die Leute aus dem Norden zunächst jedem König aus dem Stamm Juda entgegenbringen würden. So etwas zu überwinden brauchte Zeit und Geduld. Daß David diese Geduld aufbrachte, hängt damit zusammen, daß er auch in seinem politischen Handeln mit dem rechnete, der die rechte Zeit kennt. Und er ist mit ihm auch nicht zu spät gekommen.

Es hat sich in zunehmendem Maße gezeigt, daß die Zeit für David arbeitete und nicht für Abner. *David aber nahm immer mehr zu an Macht, und das Haus Sauls nahm immer mehr ab* (2. Samuel 3,1). Dieses Haus Saul hatte ja keinen ernstzunehmenden König anzubieten, auf den die Erwartungen des Volks hätten zuwachsen können. Ganz allmählich, ohne daß David viel dazu tat, wurde offenbar, wen Gott zum König über Israel eingesetzt hatte und wen nur menschlicher Ehrgeiz. Weder die Machenschaften der Saulspartei noch die Abneigung der Israelstämme gegen die Judäer vermochten auf die Dauer Gottes großen Plan aufzuhalten, die Erfüllung der ganzen Verheißung, die Samuel einst in Gottes Auftrag auf den jüngsten Sohn des Isai gelegt hatte.

Es ging dann mit einem Mal ziemlich schnell. Abner, das Haupt der Saulspartei, verließ das sinkende Schiff und trat zu David über. Er wurde dort – allerdings ohne Wissen und sehr gegen den Willen Davids – von dessen Feldhauptmann Joab ermordet. Sobald Abner nicht mehr seine Hand über ihn hielt, wurde der Schattenkönig Isch-Boscheth ebenfalls ermordet. – Wieder völlig ohne die Mitwirkung Davids. Er hat die Mörder hinrichten lassen.

Ohne daß es zu nennenswerten blutigen Kämpfen gekommen war, huldigte sieben Jahre und sechs Monate nach der Gilboa-Schlacht ganz Israel seinem neuen König David in Hebron. Es war keine Gewalt, der man sich gebeugt hatte, und nicht einmal in erster Linie die bezwingende Persönlichkeit des Königs David, sondern einfach der offenbar gewordene Ratschluß Gottes: *Dazu hat der Herr dir gesagt: Du sollst mein Volk Israel weiden und sollst Fürst sein über Israel* (2. Samuel 5,2). In Gegenwart der Sippenältesten aus allen Stämmen wurde in Hebron die Krönung Davids zum König über Gesamtisrael vollzogen.

Damit war aus der Verheißung endlich die Erfüllung geworden. Lang und oft bang war die Zeit des Wartens gewesen, aber noch viel länger wurde die Zeit der Erfüllung. Denn trotz allem, was dieser König schon hinter sich hatte, war er bei seiner Krönung doch erst 37 Jahre alt. Und 33 Jahre hat er dann das Zepter über Gesamtisrael in starken Händen gehalten und sein Volk auf eine Höhe geführt, von der es später immer wieder nur träumen konnte.

Der Weg zu dieser Höhe vollzog sich in verschiedenen Schritten, die hier nur noch kurz angedeutet werden sollen: Der erste Schritt war, daß es David in einer erstaunlichen Weise gelang, woran Saul äußerlich endgültig gescheitert war: die Philisterfrage zu lösen, die Kardinalsfrage der damaligen israelitischen Außenpolitik. David hat es fertiggebracht, nicht nur das neu geeinte Gesamtisrael gegen die sofort einsetzenden massiven Störungsversuche der Philister erfolgreich zu verteidigen, sondern binnen kurzem ist es ihm auch gelungen, das bisherige Verhältnis der beiden Völker völlig umzudrehen, *daß er den Dienstzaum den Philistern aus der Hand nahm* (2. Samuel 8,1).

Nachdem David den Philistern mehrere entscheidende militärische Niederlagen beigebracht hatte, waren nunmehr sie es, die in das Reich König Davids eingefügt wurden – und zwar so vollständig, daß David es sich leisten konnte, seine Leibwache künftig aus Philistern zu bilden: Die »Krether und Plether«, von denen immer wieder die Rede ist, waren Philister. – Dabei muß man sich klarmachen, daß diese Söldner in der Leibwache eine Art stehendes Heer ausschließlich aus Berufskriegern bildeten, den stählernen Kern des Gesamtheers und damit eine ganz wesentliche Stütze des davidischen Königreichs. David hätte z.B. die Absalomrevolution nie überlebt ohne diese Leibwache, die ihm fast als einzige völlig die Treue hielt (2. Samuel 15ff.).

An die Unterwerfung der Philister schloß sich die Unterwerfung der kleinen umwohnenden Völkerschaften an, der Moabiter und Edomiter, der Ammoniter und der kriegerischen Stämme auf dem Gebiet des heutigen Syrien. Die reichen Phönizierstädte Tyrus und Sidon an der Küste standen in einem Bündnisverhältnis, durch das sie ebenfalls eine Stütze des Israelreichs wurden. Es war das einzige Mal in der Geschichte, daß es gelang, den ganzen Raum zwischen Euphrat und Nil unter einer einzigen politischen Führung zu vereinigen und ihn damit zu einer unabhängigen Zwischenmacht zwischen Ägypten und Mesoptamien zu machen.

Zu dieser Macht gehört nun auch die neue Hauptstadt Jerusalem. Diese Stadt, die David erst von den Jebusitern erobern mußte, hatten den großen Vorzug, daß sie weder auf altem jüdischem Gebiet noch auf altem Gebiet der Nordstämme lag und somit den ganzen Rivalitäten zwischen Nord und Süd gewissermaßen entzogen war. Damit, daß David dann die heilige Lade in seine neue Hauptstadt überführen ließ, das Sinnbild der gnadenvollen Gegenwart Gottes bei seinem Volk, wurde Jerusalem schon vor dem Bau des Tempels durch Salomo zum Mittelpunkt aller Israelstämme proklamiert. In Ninive und in Babylon, in Susa und in Rom wurde in den kommenden Jahrhunderten über die Geschicke der Völker entschieden. Jerusalem aber war die Stadt, in der durch das nächste Jahrtausend die Entscheidungen über die Geschichte des Reiches Gottes gefallen sind. Auch das war ein Stück der beispiellosen Erfüllung, die Gott dem größten König Israels geschenkt hat.

5.

Höhe und tiefer Fall

2. Samuel 11;12

Davids Königtum hat ihn in eine fast schwindelnde Höhe der Erfüllung hinaufgeführt. Doch nun muß er erfahren, daß gerade diese Höhe der Erfüllung ihre eigenen Tiefen bereithält für den, der meint, für ihn gäbe es jetzt keine Tiefen mehr.

Das Schreckliche an der ersten dieser neuen Tiefen in Davids Leben ist, daß sie keine der finsteren Täler war, in die Gottes Wille uns Menschen hinunterführen kann, und in denen wir uns darum trotz allem der Verheißung seiner Gegenwart trösten dürfen: *Denn du bist bei mir. Dein Stecken und Stab trösten mich* (Psalm 23,4). Sondern diesmal geht es um die unheilvolle und düstere Tiefe der eigenen Schuld, in der wir das Wissen um die Gegenwart Gottes mit aller Kraft verdrängen.

Und als das Jahr um war, zur Zeit, da die Könige ins Feld zu ziehen pflegen, sandte David Joab und seine Männer mit ihm und ganz Israel, damit sie das Land der ammoniter verheerten und Rabba belagerten. David aber blieb in Jerusalem. Und es begab sich, daß David um den Abend aufstand von seinem Lager und sich auf dem Dach des Königshauses erging; da sah er vom Dach aus eine Frau sich waschen; und die Frau war von sehr schöner Gestalt. Und David sandte hin und ließ nach der Frau fragen, und man sagte: Das ist doch Batseba, die Tochter Eliams, die Frau Urias, des Hethiters. Und David sandte Boten hin und ließ sie holen. Und als sie zu ihm kam, wohnte er ihr bei; sie aber hatte sich gerade gereinigt von ihrer Unreinheit. Und sie kehrte in ihr Haus zurück. Und die Frau ward schwanger und sandte hin und ließ David sagen: Ich bin schwanger geworden.

David aber sandte zu Joab: Sende zu mir Uria, den Hethiter. Und Joab sandte Uria zu David. Und als Uria zu ihm kam, fragte David, ob es mit Hoab und mit dem Heer und mit dem Krieg gut stünde. Und David sprach zu Uria: Geh hinab in dein Haus und wasch deine Füße. Und als Uria aus des Königs Haus hinausging, wurde ihm ein Geschenk des Königs nachgetragen. Aber Uria legte sich schlafen vor der Tür des Königshauses, wo alle Kriegsleute seines Herrn lagen, und ging nicht hinab in sein Haus. Als man aber David ansagte: Uria ist nicht hinab in sein Haus gegangen, sprach David zu ihm: Bist du nicht von weither gekommen? Warum bist du nicht hinab in dein Haus gegangen? Uria aber sprach zu David: Die Lade und Israel und Juda wohnen in Zelten, und Joab, mein Herr, und meines Herrn Kriegsleute liegen auf freiem Felde, und ich sollte in mein Haus gehen, um zu essen und zu trinken und bei meinem Weibe zu liegen? So wahr der Herr lebt und so wahr du lebst: ich tue so etwas nicht. David sprach zu Uria: Bleib heute hier, morgen will ich dich gehen lassen. So blieb Uria in Jerusalem an diesem Tage und auch am nächsten. Und David lud ihn ein, so daß er bei ihm aß und trank, und machte ihn betrunken. Aber am Abend ging er hinaus, um sich schlafen zu legen auf sein Lager bei den Männern seines Herrn, und ging nicht hinab in sein Haus.

Am andern Morgen schrieb David einen Brief an Joab und sandte ihn durch Uria. Er schrieb aber in dem Brief: Stellt Uria vornehin, wo der Kampf am härtesten ist, und zieht euch hinter ihm zurück, daß er erschlagen werde und sterbe. Als nun Joab die Stadt belagerte, stellte er Uria dorthin, wo er wußte, daß streitbare Männer standen. Und als die Männer der Stadt einen Ausfall machten und mit Joab kämpften, fielen einige vom Volk, von den Männern Davids, und Uria, der Hethiter, starb auch. Da sandte Joab hin und ließ David alles sagen, was sich bei dem Kampf begeben hatte, und gebot dem Boten: Wenn du dem König alles bis zu Ende gesagt hast, was sich bei dem Kampf begeben hat, und siehst, daß der König zornig wird und zu dir spricht: Warum seid ihr so nahe an die Stadt herangerückt im Kampf? Wißt ihr nicht, daß von der Mauer geschossen wird? Wer erschlug Abimelech, den Sohn Jerubbaals? Warf nicht ein Weib einen Mühlstein auf ihn von der Mauer, so daß er in Tebez starb? Warum seid ihr so nahe an die Mauer herangerückt? – so sollst du sagen: Auch dein Knecht Uria, der Hethiter, ist tot. Der Bote ging hin und kam und sagte David alles, weswegen Joab ihn gesandt hatte. Und der Bote sprach zu David. Die Männer waren uns übermächtig und zogen heraus aufs Feld gegen uns; wir aber gingen gegen sie an bis an den Eingang des Tores. Und die Schützen schossen von der Mauer auf deine Knechte und töteten einige von den Männers des Königs, und auch Uria, dein Knecht, der Hethiter, ist tot. David sprach zum Boten: So sollst du Joab sagen: »Laß dir das nicht leid sein, denn das Schwert frißt bald diesen, bald jenen. Fahre fort mit dem Kampf gegen die Stadt und zerstöre sie.« So sollst du ihm Mut zusprechen.

Und als Urias Frau hörte, daß ihr Mann Uria tot war, hielt sie die Totenklage um ihren Eheherrn. Sobald sie aber ausgetrauert hatte, sandte David hin und ließ sie in sein Haus holen, und sie wurde seine Frau und gebar ihm einen Sohn. Aber dem Herrn mißfiel die Tat, die David getan hatte.

Und der Herr sandte Nathan zu David. Als der zu ihm kam, sprach er zu ihm: Es waren zwei Männer in einer Stadt, der eine reich, der andere arm. Der Reiche hatte sehr viele Schafe und Rinder; aber der Arme hatte nichts als ein einziges kleines Schäflein, das er gekauft hatte. Und er nährte es, daß es groß wurde bei ihm zugleich mit seinen Kindern. Es aß von seinem Bissen und trank aus seinem Becher und schlief in seinem Schoß, und er hielt's wie eine Tochter. Als aber zu dem reichen Mann ein Gast kam, brachte er's nicht über sich, von seinen Schafen und Rindern zu nehmen, um dem Gast etwas zuzurichten, der zu ihm gekommen war, sondern er nahm das Schaf des armen Mannes und richtete es dem Mann zu, der zu ihm gekommen war. Da geriet David in großen Zorn über den Mann und sprach zu Nathan: So wahr der Herr lebt; der Mann ist ein Kind des Todes, der das getan hat! Dazu soll er das Schaf vierfach bezahlen, weil er das getan und sein eigenes geschont hat.

Da sprach Nathan zu David: Du bist der Mann! So spricht der Herr, der Gott Israels: Ich habe dich zum König gesalbt über Israel und habe dich errettet aus der Hand Sauls und habe dir deines Herrn Haus gegeben, dazu seine Frauen, und habe dir das Haus Israel und Juda gegeben; und ist das zu wenig, will ich noch dies und das dazu tun. Warum hast du denn das Wort des Herrn verachtet, daß du getan hast, was ihm mißfiel? Uria, den Hethiter, hast du erschlagen mit dem Schwert, seine Frau hast du dir zur Frau genommen, ihn aber hast du umgebracht durchs Schwert der Ammoniter. Nun, so soll von deinem Hause das Schwert nimmermehr lassen, weil du mich verachtet und die Frau Urias, des Hetithers, genommen hast, daß sie deine Frau sei. So spricht der Herr: Siehe, ich will Unheil über dich kommen lassen aus deinem eigenen Hause und will deine Frauen nehmen vor deinen Augen und will sie deinen Nächsten geben, daß er bei ihnen liegen soll an der lichten Sonne. Denn du hast's heimlich getan, ich aber will dies tun vor ganz Israel und im Licht der Sonne.

Da sprach David zu Nathan: Ich habe gesündigt gegen den Herrn. Nathan sprach zu David: so hat auch der Herr deine Sünde weggenommen; du wirst nicht sterben. Aber weil du die Feinde des Herrn durch diese Sache zum Lästern gebracht hast, wird der Sohn, der dir geboren ist, des Todes sterben. Und Nathan ging heim.

In der Geschichte von David und Uria ist vieles erstaunlich; aber das Erstaunlichste von allem bleibt, daß diese Geschichte überhaupt in der Bibel steht. Denken wir doch einmal daran, was dieser König für das Volk Israel war: der Nationalheld, der Idealkönig, die große Vaterfigur, zu der man über Jahrhunderte der israelitischen Geschichte aufschaute. – Und nun diese

Begebenheit, die wie ein unauslöschlicher Flecken auf seinem Bild liegt! Was hätte nähergelegen, als diesen häßlichen Flekken auszutilgen, indem man eine solche Geschichte ganz einfach verschwieg? – Unter was für einer Zucht der Wahrhaftigkeit müssen die Menschen gestanden haben, die die Geschichten der Bibel niederschrieben, daß sie das gerade nicht getan haben!

In der Zeit des Dritten Reichs, als das Alte Testament als Judenbuch verfehmt und verlästert wurde, pflegten seine Gegner gerade diese Geschichte von Davids Ehebruch mit besonderem Eifer herauszuzerren: Sie sollte beweisen, um was für minderwertige Menschen es sich auch bei den größten Gestalten des Alten Testaments handelte. Ich selbst habe damals manchen Vortrag über das Alte Testament gehalten. Und ich bin mit vollem Bedacht immer von dieser Geschichte ausgegangen, und zwar deswegen, weil die damaligen Gegner des Alten Testaments gar nicht gemerkt haben, daß ausgerechnet diese Geschichte wie kaum eine andere zeigt, was für ein großartiges Buch das Alte Testament ist: Wie hier Menschen, die Gott über alle Dinge fürchten, es wagen, das Bild selbst der verehrtesten und geliebtesten Gestalten ihres eigenen Volkes und ihrer eigenen Geschichte ohne jede Beschönigung und Übermalung auch in seinen dunklen Stellen zu zeigen.

Die Geschichte vom Fall Davids ist eingebettet in ein Stück israelitischer Kriegsgeschichte. Die Ammoniter, die alten Feinde Israels im Norden des heutigen Transjordanien, hatten die Gelegenheit eines Thronwechsels benutzt, um sich im Bund mit kriegerischen Stämmen auf dem Gebiet des heutigen Syrien einer weiteren Ausdehnung des israelitischen Reichs entgegenzustellen. Sie hatten dabei samt ihren Verbündeten den kürzeren gezogen.

Eben war der letzte Akt der Auseinandersetzung angebrochen. Unter der Führung des Feldhauptmanns Joab stand der israelitische Heerbann vor der ammonitischen Hauptstadt Rabba, um sie als letzte Bastion des Widerstands zu erobern. David war nicht mitgezogen. Er war daheim geblieben in Jerusalem. – Im Grund fing seine Sünde damit eigentlich schon an. Als der Gesalbte Gottes war es sein Auftrag, die Kriege des Herrn zu führen, daß heißt, in den Kriegen zu Sicherung des Daseins Israels inmitten einer heidnischen Umwelt seinem Herr als Anführer voranzugehen.

Dem hat er sich diesmal entzogen und sich statt dessen in seinem heimatlichen Palast beschaulicher Ruhe hingegeben. Das hatte mit Friedensliebe nichts zu tun, denn der Krieg mußte ja trotzdem geführt werden. Aber es hatte etwas zu tun mit Bequemlichkeit und Sicherheit, die es sich leisten konnte, andere für sich sterben zu lassen und sich der Solidarität mit ihnen zu entziehen. War es von daher nicht nur noch ein Schritt bis dorthin, wo er es sogar über sich brachte, auf Kosten eines im Feld Kämpfenden sich mit dessen Frau in ein Liebesabenteuer einzulassen?

Es fing ganz harmlos an. Vom Flachdach seines Palasts, auf dem man sich in der Abendkühle ergehen und von dem man hinunterschauen konnte in die Hinterhöfe der Unterkünfte der Leibwache und ihrer Familien, erblickte er eine Frau von außergewöhnlicher Schönheit. Daß König David sie sah, daß sie sein Wohlgefallen und sein Begehren erweckte, daß er Erkundigungen über sie einzog, das wird man ihm noch nicht zum Vorwurf machen können. Freilich, er war schon mit einem halben Dutzend Frauen verheiratet. Aber wir dürfen nicht vergessen, daß wir uns in einer Zeit befinden, in der auch im Volk Israel die Vielehe nicht nur als erlaubt, sondern für einen König als selbstverständlich und besonders standesgemäß galt. Keiner, auch der Frömmste, hätte es ihm zum Vorwurf gemacht, wenn er noch eine weitere oder ein paar weitere Frauen geheiratet hätte.

Aber nun stellt sich heraus: Diese Frau ist verheiratet. Sie ist die Gattin eines verdienten Offiziers und Waffengefährten des Königs, des Hauptmanns Uria, der im 23. Kapitel des 2.

Samuelbuches unter den dreißig größten Helden der Davidszeit aufgeführt ist. Damit stand zwischen dem König und seinem Begehren klar und deutlich auch im damaligen Israel eine unübersteigbare Schranke: Gottes heiliges Gebot, das auch in einer Welt der Vielehe den Einbruch in andere Ehe unbedingt untersagte.

Alles wäre gut gewesen, wenn der König die Sache damit hätte auf sich beruhen lassen. Aber eben das tat er nicht, sondern er hielt auch jetzt fest an seinem Begehren und ließ sich von ihm hinreißen auf den Weg der sündigen Tat. – War er denn nicht der König? Verdankte sein Volk ihm nicht nahezu alles? Gehörten ihm nicht Land und Leute? Eben war er der schönsten Frau begegnet, die er je in seinem Leben gesehen hatte, der schönsten Frau vielleicht im ganzen Land. Sollte er da einfach verzichten, er als König? Sollte es ihm nicht erlaubt sein, sie wenigstens für eine flüchtige Stunde zu besitzen?

Er läßt sie einfach in seinen Palast holen. Und es wird nicht berichtet, daß sie dagegen protestiert hätte. – Sicher ist es mit der nötigen Diskretion geschehen. König David wird sein Gewissen damit beruhigt haben, daß das ja nicht gleich jemand erfahren müßte, daß einmal keinmal sei und daß, bis der Hauptmann Uria zurückkäme, über diese Sache längst Gras gewachsen wäre.

So manche von den Daheimgebliebenen haben im letzten Krieg genau das miteinander getan, was David und Batseba miteinander getan haben. Sie haben sich genau mit demselben getröstet, vor allem damit, daß es ja nicht unbedingt gleich herauskommen müßte. Und wie manche von ihnen hat auch König David nun erfahren, daß die Sünde ihre eigene teufelsmäßige Logik hat, die oft anders ist als die Wunschlogik dessen, der sich auf sie einläßt.

Plötzlich, ehe er sich's versieht, hat der König den Kopf in der Schlinge. Die Frau läßt ihm sagen: *Ich bin schwanger geworden.* Und da ist es vorbei mit der schönen Zuversicht, daß der Mann nichts erfahren wird. Nun droht der Frau nach dem

Gesetz die Todesstrafe wegen Ehebruchs. Und dem König David droht allermindestens der furchtbarste Skandal seines Lebens.

Noch ist er meilenweit von der Erkenntnis seiner Sünde entfernt. Das wird sichtbar an seinem Handeln. Es ist ausschließlich auf die Verheimlichung der Sünde und ihrer Folgen gerichtet. Zu diesem Zweck befiehlt er den Hauptmann Uria nach Jerusalem, angeblich zur Berichterstattung. In Wirklichkeit, um ihn dazu zu bringen, daß er in sein Haus und zu seiner Frau geht, damit auf diese Weise vertuscht werden kann, daß das Kind, das sie erwartet, von einem anderen stammt. Mit diesem klug gesponnenen Plan denkt der König aus der Sache herauszukommen.

Aber schon ist Gottes schwere Hand über ihm, ohne daß er es weiß. Und sie macht seinen klugen Plan zunichte. Trotz der freundlichen Einladung des Königs, er möchte sich doch von seinen weiten Ritten, von den Strapazen des Kriegs erholen, geht der Hauptmann Uria nicht in sein Haus. Ist der Ehebruch des Königs vielleicht doch nicht so geheim geblieben? Hat der geschäftigte Stadtklatsch dem Uria am Ende schon etwas zugetragen? Durchschaut er das schnöde Spiel seines Königs, und weigert er sich, die elende Rolle zu spielen, die der ihm dabei zugedacht hat?

Es könnte naheliegen, das zu vermuten, wenn, ja wenn der biblische Bericht auch nur das Geringste davon andeuten würde. Aber er tut es nicht. Er nennt einen anderen Grund, warum Uria nicht in sein Haus geht: Dieser einfache Hauptmann, der von Haus aus nicht einmal Israelit war, sondern ein Hethiter, gibt seinem König ein Beispiel von Pflichtauffassung, das den eigentlich tief beschämen müßte: *Die Lade und Israel und Juda bleiben in Zelten, und Joab, meines Herrn Knecht und seine Knechte liegen auf freiem Feld, und ich sollte in mein Haus gehen, um zu essen und zu trinken und bei meinem Weibe zu liegen? So wahr der Herr lebt und so wahr du lebst: Ich tue so etwas nicht!* (2. Samuel 11,11).

Da unternimmt der König einen letzten Versuch: Er gibt dem Uria einen Tag Sonderurlaub, lädt ihn am nächsten Tag zu einem guten Essen ein, bei dem auch der Wein reichlich fließt, und macht ihn betrunken. Aber Uria bleibt auch jetzt fest. Er trinkt mit dem König, wie es die Höflichkeit gebietet, aber er bleibt auch diesmal nachher in den Bereitschaftsräumen der königlichen Leibwache über Nacht.

Und nun ist der König am Ende mit seiner Klugheit. Sein Vertuschungsplan ist gescheitert; drohend erheben die Folgen seiner Sünde sich gegen ihn, und er weiß nicht mehr, wie er ihnen begegnen soll. Ja, einen Weg gäbe es noch, aber der wäre für ihn als Mensch und erst recht als König tief demütigend. Er müßte dem Menschen, an dem er gesündigt hat, sein großes Unrecht bekennen und müßte seine Verzeihung erbitten. Das ist der einzige schmale Weg, der jetzt noch herausführen könnte aus der eingeschlagenen Unheilsbahn.

Aber dieser Weg ist dem König zu schmal. Den meint er nicht gehen zu können. Und da geht er einen anderen furchtbaren Weg, den einzigen Weg der Selbsthilfe, der ihm jetzt noch bleibt. – Ist Uria nicht im Krieg? Kann er im Krieg nicht fallen? Und könnte man da als König nicht etwas nachhelfen? – So fügt er zum Ehebruch den Meuchelmord und mißbraucht seine königliche Befehlsgewalt, um den einen für immer stumm zu machen, der ihn auf Erden wegen seiner Sünde anklagen könnte.

In eines einzigen Menschen Hand hätte es vielleicht noch gelegen, ihn dabei aufzuhalten: in der Hand seines Generals und Vetters Joab, der den Befehl bekommt, den Uria ahnungslos selbst überbringt. Joab müßte sehen, daß ihm hier auf jeden Fall ein Mord befohlen wird, wenn auch ein raffiniert verschleierter Mord.

Joab war kein Feigling. Er hat bei anderen Gelegenheiten bewiesen, daß er sehr wohl den Mut hatte, auch gegen ausgesprochene Befehle seines Königs zu handeln, die er nicht verantworten zu können glaubte. Hier, bei dem einzigen ausgesprochen verbrecherischen Befehl, den er je von seinem König bekam, hat er offensichtlich auch nicht den Versuch eines Widerspruchs gemacht, sondern er hat das verbrecherische Spiel seines Königs mitgespielt und gedeckt.

Nichts gegen den militärischen Gehorsam. Ohne ihn zerfällt jedes Heer. Aber wehe, wenn die, die in einem Heer befehlen und gehorchen, sich nicht mehr an einen höchsten Befehl gebunden wissen, an Gottes Gebot. Wo es nicht mehr möglich ist, von diesem Gebot her gegen andere Befehle – und seien sie auch noch so bündig – notfalls Einspruch zu erheben, da wird der Gehorsam gerade an dieser Übersteigerung irgendwann zerbrechen. Denn da beruht er nur noch auf äußerem Zwang, hat aber keine innere Bedeutung mehr.

Zunächst geht nun alles scheinbar nach Davids schrecklichem Programm. Uria fällt planmäßig. Batseba hält – wie es sich gehört – die vorgeschriebene Trauer um ihren Gatten ein. Und dann holt der König sie zum zweiten Mal in seinen Palast, und sie ist von Stund an seine Lieblingsfrau.

Nun ist der kluge König scheinbar doch mit den Folgen seiner Sünde fertig geworden. Er ist zwar ein Ehebrecher und ein Mörder, aber es ist ihm nichts passiert. Nach außen ist anscheinend alles in Ordnung. – Wenn da nicht noch ein anderer beteiligt wäre: *Aber dem Herrn mißfiel die Tat, die David getan hatte*. Dieser Satz läutet die Wendung der Geschichte ein.

Man kann fragen, ob es dem König tatsächlich gelungen ist, die Menschen so zu täuschen, wie er denkt, weil keiner ihm etwas zu sagen wagt. – Ist denn sein Ehebruch wirklich so geheim geblieben? In einem Königspalast gibt es viele Augen, viele Ohren und viele Mäuler. – Werden alle die schweigen, die mitspielen mußten, damit Uria fiel? Ist es möglich, daß sie sich überhaupt nichts dabei gedacht haben und daß der Zeitpunkt der ersten Niederkunft Batsebas nach Eingehen ihrer zweiten Ehe mit David von niemandem nachgerechnet wurde?

Wenn Nathan später dem König vorwirft, daß er durch diese

Sache den Feinden des Herrn Stoff zum Lästern gegeben habe, so spricht das weit mehr für etwas anderes: daß Davids Ehebruch und Mord das Skandalgespräch Nr. 1 war, und zwar nicht nur in Jerusalem, sondern auch im Volk Israel und bis hinein in die umliegenden heidnischen Länder. Nur der eine hört nichts davon, den es angeht.

Aber wenn David gegenüber auch alle schweigen, einer schweigt nicht. Gott läßt David Zeit, fast ein ganzes Jahr. Er läßt die Folgen seiner Tat ausreifen, aber dann findet ihn sein Wort zu einer Stunde, da er nicht damit rechnet. *Und der Herr sandte Nathan zu David.*

Das ist der zweite kurze Satz, der die Wendung dieser Geschichte einleitet. An dieser Stelle tritt uns zum ersten Mal im Alten Testament die merkwürdige Gestalt des Propheten, die es nur im Volk Israel so gegeben hat, in voller Klarheit entgegen: des Propheten, der direkt im Auftrag Gottes zu irgend jemand hingeht – und sei es der König – und ihm sagt: *So spricht der Herr, der Gott Israels...*

Mit einem Schlag steht König David vor dem Faktor, den er nicht in seine Rechnung eingesetzt hatte: vor dem diesmal auch von ihm vergessenen Faktor Gott. Gott tritt ihm jetzt gegenüber in seinem Wort. Zunächst nur in seinem Wort. Aber da in einer Gestalt, in der David wirklich erfährt, daß dieses Wort Hammer sein kann, der Felsen zerschmettert.

Da stehen die beiden Männer einander gegenüber: noch ahnungslos der König – Nathan ist ja sein geistlicher Ratgeber und kein seltener Gast im Königspalast –, noch mit geschlossenem Visier der Prophet. Er erzählt dem König die Geschichte, die wir alle kennen: von dem reichen Mann mit den vielen Schafen und dem Armen mit dem einzigen Lamm, das sein ein und alles ist. Wie der Reiche, als er ein Schaf braucht, dem Armen sein einziges wegnimmt ... Und so tief ist die Verblendung des Königs, daß er nichts merkt, sondern daß er einen anderen Menschen um eines gewiß unendlich leichteren Vergehens willen, als er es sich selbst aufgeladen hat, zum Tode verurteilt. Und da fährt der Blitzstrahl nieder, der in einem Augenblick alles erhellt: Da sprach Nathan zu David: *Du bist der Mann!* – Im Hebräischen ist dieser Satz noch kürzer, es sind nur zwei Worte: *Ata haisch!*

Aus dem Mund des Propheten erfährt David, daß das Todesurteil, das er soeben gefällt hat, sein eigenes war. Und alles, was der Prophet ihm jetzt mit flammenden Worten verkündigt, ist nur die Entfaltung des Todesurteils über ihn selbst und über sein ganzes Haus.

Wenn irgendwo im damaligen Morgenland ein Untertan es gewagt hätte, seinem König etwas Derartiges ins Gesicht zu sagen, er hätte seinen Freimut schwer büßen müssen. Das muß man sich klarmachen, damit man nicht dem Irrtum verfällt, der Fortgang der Geschichte verstehe sich sozusagen von selbst. Dieser Fortgang besteht wieder nur in zwei hebräischen Worten, diesmal aus dem Mund des Königs: »hatati lejahwae«, *Ich habe gesündigt gegen den Herrn.*

Im Deutschen sind das nur sechs Worte, aber es sind Worte mit einem Zentnergewicht. Fast auf jedem einzelnen liegt ein besonderer Ton: *Ich habe gesündigt.* Nicht andere haben mich verführt, nicht die Verhältnisse waren schuld, sondern ich, ich allein. Es war auch nicht nur ein Fehler, wie er jedem von uns halt einmal unterläuft, sondern es war Sünde, todeswürdige Übertretung der heiligen Gebote Gottes. Und es ging nicht nur gegen die Menschen, die mir auch schon allerlei angetan haben, sondern gegen die Majestät das einen ewig Heiligen.

Wer sagt, es sei doch unbegreiflich, daß David um dieser armseligen sechs Worte willen Gnade gefunden habe, der ahnt nichts von Menschenherzen; der macht sich nicht bewußt, wie schwer es fällt, gerade diese sechs Worte und sonst nichts zu sagen. Wir kennen das nicht nur aus den Gefängnissen, wo alle nur Opfer sind, Opfer widriger Verhältnisse, Opfer der Gesellschaft, der Justiz. Wir kennen es vor allem von uns selber, wo wir etwas Schlimmes getan haben. Wie viele Entschuldigungen haben wir dann, wie viele Beschönigungen. – Was braucht es doch, bis ein Mensch das sagen und in seinem ganzen Gewicht stehenlassen kann: *Ich habe gesündigt gegen den Herrn.*

Wir können ruhig sagen: Dazu braucht es ganz einfach ein Wunder. Im hellen Scheinwerferlicht des Wortes Gottes, das ein anderer ihm sagte, ist dem König David seine Sünde aufgegangen. Und mit seinen wenigen Worten gibt er, der große König, sich diesem Wort Gottes gefangen, das ihm im Wort eines ohnmächtigen Menschen entgegentritt. Er verzichtet auf jede Verteidigung, auf jede Entschuldigung. Er erkennt Gottes Urteilsspruch über sich als zu Recht ergehend an. Er tut Buße. – Denn das und nichts anderes heißt Buße: daß wir unsere Sünde bekennen und dem Urteil Gottes über uns recht geben; daß wir nicht mehr auf unsere Gerechtigkeit hoffen, sondern nur noch auf seine Barmherzigkeit.

Der verlorene Sohn hat nichts getan als das. Darum ist er angenommen worden (Lukas 15,11ff.). Die große Sünderin, die zu den Füßen Jesu weinte, hat nichts getan als das. Darum ist ihr vergeben worden (Lukas 7,36ff.). – David hat nichts getan als das. Darum hat er Gnade gefunden und ist in die Hände des barmherzigen Gottes gefallen: Nathan sprach zu David: *So hat auch der Herr deine Sünde weggenommen; du wirst nicht sterben.*

Gott vergibt David. Das bedeutet nicht, daß er straflos bleibt. Das Kind aus dem Ehebruch muß sterben, wie sehr auch David sich demütigt und bittet. Die Eltern müssen dieses Kind, die Frucht ihrer Sünde, wieder hergeben. Und erst recht hat Gott den David nicht vor den Folgen seiner Sünde bewahrt. Die werden noch über ihn kommen: Auch das andere große Unheil seines Lebens, der Untergang dreier seiner Söhne, hat seine Wurzel nicht zuletzt auch im Raub der Frau des Uria.

Und dennoch gilt es: Vergebung. *Der Herr hat deine Sünde weggenommen; du wirst nicht sterben.* Der ganz ursprüngliche Wortsinn des Wortes Sünde im Deutschen ist Trennung, Trennung von Gott. Das Wesen der Vergebung ist, daß sie diese Trennung aufhebt, und nicht, daß sie uns einfach von den

Folgen der Sünde befreit. Die läßt Gott uns zu unserer Demütigung vielfach tragen. Aber die Mauer reißt die Vergebung nieder, die die Sünde zwischen uns und Gott aufgerichtet hat. Die zerbrochene Gemeinschaft stellt sie wieder her. Und darum gilt es: *Du wirst nicht sterben.* Denn wo Vergebung der Sünden ist, da ist auch Leben und Seligkeit.

Es ist ein weiteres, aufgerichtetes Zeichen der Vergebung Gottes, daß aus der mit Ehebruch und Mord begonnenen Ehe Davids mit Batseba nicht nur Kummer und Leid erwachsen ist. Als zweites Kind wurde aus ihr Salomo geboren, der Träger der Verheißung, von dem es heißt: *Und der Herr liebte ihn* (2. Samuel 12,24).

Nach einer uralten Überlieferung ist aus dieser Erfahrung König Davids eines der erschütterndsten Bußgebete des Psalters entstanden, der 51. Psalm:

Gott, sei mir gnädig nach deiner Güte,
und tilge meine Sünden nach deiner
großen Barmherzigkeit.
Wasche mich rein von meiner Missetat,
und reinige mich von meiner Sünde;
denn ich erkenne meine Missetat,
und meine Sünde ist immer vor mir.

An dir allein habe ich gesündigt
und übel vor dir getan,
auf daß du recht behaltest in deinen Worten
und rein dastehst, wenn du richtest.

Entsündige mich mit Ysop, daß ich rein werde;
wasche mich, daß ich schneeweiß werde!
Schaffe in mir, Gott, ein reines Herz,
und gib mir einen neuen, beständigen Geist.
Verwirf mich nicht von deinem Angesicht,

und nimm deinen heiligen Geist nicht von mir.
Erfreue mich wieder mit deiner Hilfe,
und mit einem willigen Geist rüste mich aus.

Herr, tue meine Lippen auf,
daß mein Mund deinen Ruhm verkündige.
Denn Schlachtopfer willst du nicht,
ich wollte sie dir sonst geben,
und Brandopfer gefallen dir nicht.
Die Opfer, die Gott gefallen, sind ein geängsteter Geist
ein geängstetes, zerschlagenes Herz
wirst du, Gott, nicht verachten.
(Psalm 51,3–6.9.12–14.17–19)

6.

Gestürzt und wieder eingesetzt

2. Samuel 13–19; 1. Könige 1

Auf die Geschichte von Davids Buße und Fall folgt im 2. Samuelbuch die zweite erschütternde Begebenheit seiner Königszeit: die Geschichte von der Empörung seines Sohnes Absalom. Diese Abfolge ist kein Zufall, bestehen doch zwischen den beiden Geschichten mindestens untergründige Zusammenhänge:

David erfährt, daß Gottes Vergebung uns nicht einfach von den Folgen unseres sündigen Handelns freisetzt. Sie schließt nicht aus, daß wir – jedenfalls im menschlichen Bereich – in einer für uns demütigenden Weise ernten, was wir gesät haben.

David hat Ehebruch gesät, und er hat Blutschande in seiner eigenen Familie geerntet. Er hat schändlichen Verrat geübt an einem seiner treuesten Waffengefährten, und er hat Verrat von seinem eigenen Sohn geerntet. Er hat einen unschuldigen Menschen aus dem Weg räumen lassen, nur weil der seinen selbstsüchtigen Wünschen im Wege stand. Und nun muß er erleben, daß sein eigener Sohn ohne die geringsten Bedenken versucht, das Leben seines Vaters auszulöschen, weil er zwischen ihm und der Krone steht. Er hat befohlen, einen anderen im Stich zu lassen. Und nun wird er angesichts der größten Gefahr seines Königslebens von unglaublich vielen im Stich gelassen, auf die er gemeint hatte, felsenfest bauen zu können.

Er muß es erfahren: Womit einer sündigt, damit wird er gestraft. Es ist sein eigenes Fleisch und Blut, das zum Werkzeug dieser Strafe an ihm wird: *ich will Unglück über dich kommen lassen aus deinem eigenen Hause* (2. Samuel 12,11). Diese Ankündigung des Propheten Nathan ist nicht zurückgenommen worden, sondern sie erfüllt sich in einer erschreckenden Weise Zug um Zug.

Sowohl die Sache mit Batseba als auch Davids großer Kummer mit seinen Söhnen lassen uns auch hineinsehen in die großen Schwierigkeiten, die mit der Einrichtung des Vielehe verbunden waren, die im alten Israel erlaubt und bei den Königen sogar üblich war. Da gab es zwischen den verschiedenen Frauen dauernde Spannungen und Reibereien, die den Hausfrieden infrage stellten. Und die Eifersüchteleien zwischen den Müttern setzten sich fort in den oft weit gefährlicheren Rivalitäten der Prinzen und Prinzessinnen, die zwar denselben Vater, aber größtenteils ganz verschiedene Mütter hatten.

An einem Königshof sammelten sich alle diese Eifersuchtsflammen wie in einem Brennspiegel in der großen Frage: Welcher von den Söhnen wird einmal der Nachfolger auf dem Thron? Nach israelitischem Erbrecht war es der Älteste, aber selbstverständlich konnte ein König wie David auch andere Bestimmungen treffen. Freilich hat er es anscheinend lange Zeit überhaupt vermieden, sich in der Öffentlichkeit oder seinen Söhnen gegenüber festzulegen.

Die Folge war, daß jeder von seinen Söhnen, der das entsprechende Selbstbewußtsein hatte, sich Chancen ausrechnete. Der älteste Sohn war Amnon, der Sohn der Ahinoam aus einer südjudäischen Sippe. Von beiden Seiten von königlichem Geblüt war Absalom, der Sohn der Maacha und Enkel des Königs von Geschur, eines Beduinengebiets nordöstlich des Sees Genezareth. Absaloms Stolz auf die doppelte königliche Herkunft erhielt noch weitere Nahrung dadurch, daß er auch äußerlich unter den Söhnen Davids die königlichste Erscheinung war: *Es war aber in ganz Israel kein Mann so schön wie Absalom, und er hatte dieses Lob vor allen; von der Fußsohle bis zum Scheitel war nicht ein Fehl an ihm* (2. Samuel 14,25). Besonders berühmt war sein Haar, das er als Zeichen seines Königsadels lang herabwallend trug.

Damit ist allerdings die Aufzählung seiner Vorzüge erschöpft. Die Bibel weiß von Absalom keine entsprechenden Vorzüge des Charakters zu berichten. Seine spätere Geschichte macht vielmehr offenbar, daß dieser bildschöne Mensch bedeutend weniger schöne Charaktereigenschaften besaß: Hochmut und Gewalttätigkeit, gleißnerische Falschheit und berechnende Heimtücke und vor allem einen brennenden Ehrgeiz, der bereit war, über Leichen zu gehen, auch über die Leiche des eigenen Vaters. Der Vater aber scheint gerade auf diesen schönsten unter seinen Söhnen besonders stolz gewesen zu sein und war ihm gegenüber darum besonders nachsichtig und großzügig.

Der Einblick in das engste Familienleben Davids enthüllt eine neue Sünde an ihm, die Sünde einer geradezu unverständlichen Schwachheit und Nachgiebigkeit gegenüber seinen Kindern. Dieser König, der in tapferem Kampf so vielen Feinden die Stirn geboten hat, der, wo es darauf ankam, blitzschnelle Standgerichtsurteile über andere Übeltäter fällen konnte, der versagt in einer erstaunlichen Weise bei der Aufgabe, als Vater seinen eigenen Kindern entgegenzutreten und sie zu strafen. Und er muß erleben, daß eine solche überweiche Liebe, die nicht strafen kann, die Sünden der Kinder großzieht bis an den Punkt, an dem sie mit ihnen die Familie und sich selber zerstören.

Der Aufstand Absaloms hatte eine grausige Vorgeschichte in der engsten Familie. Amnon, der älteste unter den Söhnen, verliebte sich leidenschaftlich in seine schöne Halbschwester Tamar. Aber statt bei David um ihre Hand anzuhalten – im alten Israel war eine Ehe auch zwischen Halbgeschwistern rechtlich erlaubt –, vergewaltigte er sie im Palast und schüttelte sie anschließend ab wie ein lästiges Insekt (2. Samuel 13).

König David, der Vater Amnons, hat sich zwar über diese Tat seines Ältesten sehr aufgeregt, aber geschehen ist Amnon überhaupt nichts. Tamars Bruder aber, von derselben Mutter, war Absalom. Und der war nicht gewillt, diese Schandtat an seiner Schwester ungesühnt zu lassen. Ein Jahr wartete er, dann schlug er zu. Auf einem Fest, zu dem er alle Königskinder einlud, ließ er Amnon von seinen Leuten ermorden. Anschließend floh er zu seinem Großvater nach Geschur.

Zuerst ungesühnte Vergewaltigung der Schwester mitten im Palast. Jetzt Brudermord. – Aber es heißt nur: *Der König und alle seine Großen weinten gar sehr* (2. Samuel 13,36). David hat nicht versucht, die Auslieferung des Mörders zu erreichen. Nach drei Jahren selbstgewählter Verbannung durfte Absalom nach Jerusalem zurückkehren. Einmal dort in Jerusalem, erzwang er die Versöhnung mit seinem Vater, indem er ihm einfach ein Ultimatum stellte: Bring mich um, töte mich oder verzeih! Zweifelsohne wußte er, daß David das erste nicht tun würde. Also kam es zur Verzeihung, einer Verzeihung freilich, die das Gegenteil der göttlichen Vergebung war, die David einst selbst empfangen hatte. Absalom dachte nicht an Buße oder an ein Bekenntnis: »Ich habe gesündigt.« Für ihn ging es einfach um die Beseitigung der unangenehmen Folgen der Sünde: Die Sache wird begraben. Schwamm drüber.

Aus einer solchen Versöhnung, die die Selbstgerechtigkeit und Selbstsicherheit Absaloms völlig unangetastet ließ, konnte nur weiteres Unheil kommen. Absalom hatte sich das Recht auf Vergeltung an seinem Bruder Amnon mit Gewalt genommen. Und er war ungestraft damit durchgekommen. Nun gab es noch ein Recht, das der Vater ihm streitig machen konnte. Das war das Recht der Nachfolge. Flüsterte man nicht schon lange auf den Gängen des Palastes, der König habe Batseba eine Zusage für ihren Sohn Salomo gegeben? – Für dieses Kind? Warum sollte Absalom, der Königssohn aus reinem Geblüt, an dem alle Blicke bewundernd hingen, sich nicht das Recht der Nachfolge einfach nehmen und es behaupten?

Weit entfernt, dem Vater für seine Nachsicht dankbar zu sein, begann er unter seinen Augen mit Vorbereitungen, die auf nichts Geringeres zielten, als auf seinen Sturz. Die Unverfrorenheit, mit der er dabei zu Werke ging, zeigt deutlicher als alles andere, daß er die Güte seines Vaters nur als Schwäche verstanden hat.

Zunächst umgab er sich mit einer Leibwache. Sie zählte zwar nur fünfzig Reiter. Das war neben den 3000 Mann der königlichen Leibwache sicherlich eine geringe Zahl. Aber unter dem Gesichtspunkt der Propaganda war sie nicht belanglos. Wenn Absalom auf seinem Streitwagen mit seinen fünfzig Reitern durch Jerusalem zog, der stolze, schöne, junge Königssohn, dann richteten sich jetzt noch mehr als bisher alle Blicke auf ihn: Seht, da kommt der Thronfolger!

Und er fand noch einen anderen Weg:

Auch machte sich Absalom des Morgens auf und trat an den Weg bei dem Tor. Und wenn jemand einen Rechtshandel hatte und deshalb zum König vor Gericht gehen wollte, rief ihn Absalom zu sich und sprach: Aus welcher Stadt bist du? Wenn der dann sprach: Dein Knecht ist aus dem und dem Stamm Israels, so sprach Absalom zu ihm: Siehe, deine Sache ist gut und recht; aber du hast keinen beim König, der dich hört. Und Absalom sprach: Oh, wer setzt mich zum Richter im Lande, daß jedermann zu mir käme, der seine Sache und Gerichtshandel hat, damit ich ihm zu Recht hülfe! Und wenn jemand ihm nahte und vor ihm niederfallen wollte, so streckte er seine Hand aus und ergriff ihn und küßte ihn. Auf diese Weise tat Absalom mit ganz Israel, wenn sie vor Gericht kamen zum König. So stahl Absalom das Herz der Männer Israels (2. Samuel 15,2–6).

Das ist nun wirklich das Billigste vom Billigen, womit Absalom es hier probiert: Er biedert sich bei jedem an. Er verspricht jedem Hilfe in dem, was der für sein Recht hält. – Der älteste Leim aller Volksverführer: Aber es ist eine alte Erfahrung, daß es wenig Leute gibt, die sich dem entziehen können, wenn auf diese Weise ihre Eitelkeit angesprochen wird: Von einem so hohen Herrn als seinesgleichen behandelt zu werden, von ihm versichert zu bekommen: Du, du hast recht, dir muß geholfen werden! – Ach, wenn doch bloß ich das Sagen hätte!

Wer mußte da nicht entzückt sein von diesem freundlichen jungen Königssohn.

Im Grund gibt es nichts Undankbareres und Ungerechteres als das Volk! Je besser es ihm geht, desto unzufriedener pflegt es zu werden, desto empfänglicher für das Geschwätz, daß es so nicht weitergehen könne. So erleben wir auch hier das Unglaubliche: Alle unbestreitbaren Segnungen der Regierung Davids, der unwahrscheinliche Aufstieg des ganzen Volkes von der Philisterknechtschaft zur Führungsmacht zwischen Nil und Euphrat, sind im Handumdrehen vergessen, als ein gutaussehender Schöntuer ein paar bunte Seifenblasen vor den Augen der Leute aufsteigen läßt – einer, der in seinem Leben bisher wirklich nichts Besonderes geleistet hat.

Absalom hat mit dieser allgemeinen Stimmungsmache für einen Regimewechsel allerdings nur den Boden bereitet für seine konkreten Umsturzpläne. Die waren nun freilich mit dem einfachen Volk allein nicht durchzuführen. Dazu mußte man sich einflußreichere Kreise sichern. Da waren die führenden jüdischen Adelssippen in und um Hebron. Sie hatten David einst zum König über Juda gekrönt. Und sie waren schwer verärgert, daß er als Hauptstadt nicht Hebron belassen, sondern diesen neuen Niemandsort Jerusalem gewählt hatte. Heimlich, ganz unauffällig nahm Absalom Verbindung mit ihnen auf.

Aber auch in den Israelstämmen im Norden gab es viele, die darüber schimpften, daß der Schwerpunkt des politischen Lebens so weit nach Süden gerückt war. Absalom spann also auch dorthin seine Fäden. Ja sogar der führende Ratgeber Davids, Ahithophel, dessen Stimme bei ihm weitaus das größte Gewicht hatte, ließ sich mit in das Komplott hineinziehen.

Vier Jahre waren vergangen, seit Absalom zurück war, da brach wie ein Blitz aus heiterem Himmel der vorbereitete Staatsstreich über seinen Vater herein. Unter dem Vorwand, an heiliger Städte einen Dankgottesdienst für seine Heimkehr feiern zu wollen, hatte Absalom sich nach Hebron beurlauben lassen. Arglos ließ sein Vater ihn ziehen.

Und nun schritt Absalom zur Tat. Unter Posaunenschall proklamierte er sich in Hebron zum König. Auf dieses Zeichen fielen die Israelstämme im Norden und der Stamm Juda gleichzeitig von David ab. Isoliert fand dieser sich in seiner neuen Hauptstadt Jerusalem in einer tödlichen Zange, die sich jeden Augenblick schließen konnte.

Ohne Zweifel ist David vollkommen überrascht worden. In der weichen Liebe, mit der er an seinen Kindern hing, hätte er niemals eine solch ruchlose Tat erwartet. Nachdem aber der Blitzstrahl einmal niedergefahren war, in dem Augenblick, als schon alles verloren schien, ist er sich jäh über die ganze Größe der Gefahr klargeworden. Und er ist an ihr noch einmal zu seiner alten Größe emporgewachsen, dem eitlen Empörer, der ihm gegenüberstand, in seiner menschlichen Haltung und in seinem politischen und militärischen Handeln weit überlegen.

Vor allem seine menschliche Haltung war bewundernswert. Sie war ganz in der Mitte seiner Frömmigkeit verwurzelt. Er hätte wahrhaft Grund gehabt zu verzweifeln, aber ohne ein Wort der Klage nahm er das hereingebrochene Unglück als das, was es war: als Gottes Heimsuchung, unter die er sich zu beugen hatte, als das Gericht auch über seine Sünde. Und so tief ging diese Beugung, daß er sich auf dem Weg aus Jerusalem hinaus von einem seiner Feinde, einem gewissen Schimi aus der Sippe Sauls, mit Flüchen und Steinwürfen verfolgen ließ und daß er seinen Begleitern jede Abwehr verbot: *Laßt ihn fluchen; denn der Herr hat ihm geboten: ›Fluche David!‹ Wer kann dann sagen, warum tust du das?* (2. Samuel 16,10).

In tiefer Demut stellte David den Ausgang seiner Sache völlig in Gottes Hand und verzichtete zum Zeichen dafür auf die Mitnahme der heiligen Lade aus Jerusalem. Er ließ sie bewußt in Absaloms Hand fallen mit der gelassenen Begründung: *Werde ich Gnade finden vor dem Herrn, so wird er mich zurückbringen, daß ich sie und ihre Stätte wiedersehe* (2. Samuel 15,25).

Diese Demut und Beugung hat überhaupt nichts zu tun mit

feiger Passivität oder mit einem bloß untätigen Warten auf Gottes Hilfe. David tat gleichzeitig alles, was seines Amtes als König war. Er traf alle politischen und militärischen Maßnahmen, die er treffen konnte, um die scheinbar schon siegreiche Empörung doch noch zum Scheitern zu bringen. Für ihn ging es im Augenblick um eines: Er mußte Zeit und Handlungsfreiheit gewinnen, um einen Überblick zu bekommen, wer noch zu ihm hielt, und um die ihm verbliebenen Kräfte zu sammeln, und auch, um den Putschisten auf einem Kampffeld entgegenzutreten, das er wählte und nicht sie.

In einem blitzschnellen Entschluß gab er auch seine neue Hauptstadt Jerusalem preis. In ihr wäre er in kurzer Zeit eingeschlossen worden, und damit wäre das Gesetz des Handelns endgültig an die Empörer übergegangen. So entzog er sich der Zange, die sich gleichzeitig von Norden und von Süden um ihn schließen sollte, und wich aus ins Ostjordanland.

Geblieben war ihm seine aus Nichtisraeliten bestehende Leibwache. Sie war das kleine, aber außerordentlich schlagkräftige Herr aus Berufskriegern, dem er seine Erfolge sehr stark mitverdankte, der stählerne Kern seiner Macht. Er wußte, daß die Empörer ihr nichts Gleichwertiges entgegenzustellen hatten.

Im Ostjordanland hatte David aber auch die Möglichkeit, Teile des Heerbanns, die ihm treu geblieben waren, an sich zu ziehen. Noch im Wegziehen baute er eine Nachrichtenverbindung auf, die ihn auch künftig über alles Wichtige in Jerusalem und vor allem über die Absichten Absaloms auf dem Laufenden halten sollte.

Letztendlich aber schlug er Absalom mit seiner eigenen Hauptwaffe: mit List und Täuschung. In der Person des ihm treu ergebenen Huschai, der sich als Anhänger Absaloms verstellen mußte, schleuste er einen raffinierten Gegenspieler zu dem übergelaufenen und ebenso raffinierten Minister Ahithophel in Absaloms Kriegsrat – vor allem, um dessen Pläne durcheinanderzubringen.

Es gelang Huschai tatsächlich auf Anhieb, das Vertrauen des neuen Königs zu gewinnen – und zwar mit demselben Mittel der plumpen Schmeichelei, mit dem Absalom selbst bei anderen so erfolgreich gewesen war. Und so konnte Huschai in einem dramatischen Redekampf Absalom davon abbringen, daß er auf den einen Rat hörte, den Ahithophel ihm gab, und der seinem Aufstand vielleicht den endgültigen Erfolg hätte bringen können: den Rat, ihn mit allen verfügbaren Truppen unverzüglich die Verfolgung Davids aufnehmen zu lassen, so daß diesem keine Zeit blieb, seine Kräfte zu sammeln. Statt dessen ließ Absalom sich von Huschai dazu überreden, das Eintreffen des gesamtisraelitischen Heerbanns abzuwarten und dann – das entsprach seiner Eitelkeit viel mehr – groß an seiner Spitze gegen den Vater ins Feld zu ziehen.

Herr, mache den Ratschlag Ahithophels zur Torheit! (2. Samuel 15,31), hatte David gebetet, als er ging. Er wußte, wer das Gehirn dieser Empörung war. Am Schluß des Redekampfs zwischen Huschai und Ahithophel heißt es nun: *So schickte es der Herr, daß der kluge Rat Ahithophels verhindert wurde, damit der Herr Unheil über Absalom brächte* (2. Samuel 17,14). Damit wird der letzte Hintergrund dessen aufgedeckt, was auf der Bühne der menschlichen Akteure geschah: Gott hat seinen Erwählten zwar heimgesucht, aber fallenlassen hat er ihn nicht.

Was nach dieser Kriegsratssitzung geschah, muß Absalom wie eine eiskalte Hand angerührt haben, wie das erste unheimliche Zeichen eines bereits sich anbahnenden Umschwungs. Als Ahithophel sah, daß sein Rat verworfen war, ging er ohne Säumen heim in sein Haus und beging Selbstmord. Er wußte, daß die Partie damit verloren war, und er hatte keine Lust, das Ende zu sehen.

Das Ende kam, als Absalom mit dem gesamtisraelischen Heerbann ins Ostjordanland zog. Er war zahlenmäßig David sicher überlegen. Aber auch David hatte sich verstärken können. Das Ostjordanland scheint ihm treu geblieben zu sein.

Vielleicht hat er auch einige der Garnisonen an sich ziehen können, die die unterworfenen Gebiete im Osten sicherten. Als Kampfgelände hatte er ein unübersichtliches Waldgebiet in der Gegend des Flusses Jabok gewählt. Dort waren seine Berufskrieger dem israelitischen Heerbann noch mehr überlegen als im freien Gelände.

Es läßt sich auch nicht feststellen, wieweit die Israelstämme Absalom tatsächlich Heeresfolge geleistet haben und, soweit sie es getan haben, wie viele von ihnen mit schlechtem Gewissen in den Kampf gezogen sind. Das Ende war jedenfalls eine totale Niederlage Absaloms. Noch rascher, als er sein Königreich an sich gerissen hatte, hat er es wieder verloren – und sein Leben dazu: Mit seinen langen Haaren bleibt er im Gestrüpp eines Baumes hängen, und Joab stößt ihm drei Wurfspieße in den Leib.

Mit diesem düsteren Bild senkt sich der Vorhang über der Geschichte des Mannes, der unter den Söhnen Davids die äußerlich glänzendste, aber auch die innerlich korrupteste Erscheinung war. Als Joab ihn tötete, hat er in bewußtem Widerspruch zu dem ausdrücklichen Königsbefehl gehandelt, Absaloms Leben nicht anzutasten. Sicher mit gutem Grund hatte er gefürchtet, daß David es auch jetzt nicht über sich bringen würde, diesen Sohn zu strafen, der ihn beinahe um sein ganzes politisches Lebenswerk gebracht hätte. Im übrigen hatte Joab auch einen persönlichen Grund, Absalom besonders zu zürnen. Er hatte sich seinerzeit bei David dafür eingesetzt, daß Absalom aus seiner Verbannung wieder nach Jerusalem zurückkehren konnte (2. Samuel 14,1-24).

Joab hat in seinem Leben manches getan, was sich nicht rechtfertigen läßt, vor allem, um mögliche Nebenbuhler zu beseitigen. Aber seinem König hat er mit unwandelbarer Treue gedient. Man wird sagen können, daß er in diesem Fall getan hat, was um der Gerechtigkeit und um des Bestands des Königtums Davids willen unvermeidlich war. Er hat es auf sich genommen, das Todesurteil an dem Hochverräter und verhinderten Vatermörder zu vollziehen, und er hat das auch vor dem König vertreten.

David selbst war zu dem, was Joab getan hat, nicht in der Lage, und zwar nicht nur wegen seiner starken inneren Bindung an diesen mißratenen Sohn, sondern auch deswegen, weil er sich zutiefst als mitschuldig an Absaloms Unheilsweg empfand und empfinden mußte. Er war nicht irgendwer, sondern David, der König nach dem Herzen Gottes, und er hat sich von dieser vorrangigen Beziehung her seinen Weg nie leicht machen können.

Trotz seiner schweren Fehler, auch als Vater, hat sich Gott abermals zu David bekannt. Als der Geprüfte und Gestrafte, aber auch als der Bewährte und von Gott Gerettete kehrt er heim nach Jerusalem, von seinem ganzen Volk reumütig wieder empfangen: von den Menschen gestürzt und von Gott wiedereingesetzt.

Ganz am Schluß seiner Regierungszeit hat noch einmal Davids nunmehr ältester Königssohn Adonia versucht, die Nachfolge an sich zu reißen. David ist diesem Versuch ohne Blutvergießen begegnet, indem er endlich seinen Nachfolger nicht nur benannte, sondern auch sofort feierlich einsetzte: seinen und Batsebas Sohn Salomo (1. Könige 1).

Es liegt etwas Merkwürdiges in dem Scheitern der drei anderen Davidssöhne, die nach israelitischem Erbrecht alle Anwärter auf den Thron gewesen wären. Es ist, als leuchtete hier durch alle Fehler und Schwächen der Menschen hindurch etwas von dem letzten Geheimnis der Erwählung, von dem Paulus im Römerbrief (Römer 9) spricht. Gottes Erwählung folgt anderen Gesetzen als denen der Erbfolge oder der menschlichen Vernunft. Frei gegenüber den Ansprüchen und Erwartungen der Menschen, wählt Gott den, den er wählen will.

So ist damals in Bethlehem ein junger Schafhirte zum König gesalbt worden. Und so wird jetzt Salomo zu seinem Nachfolger eingesetzt. Das geschieht nicht darum, weil er einen gesetzlichen Anspruch darauf hätte oder weil er der Liebling des Volkes wäre – das wäre wohl eher Absalom gewesen. Salomo wird auch nicht deshalb König, weil er der Liebling Davids und Batsebas ist. Ausschlaggebend ist vielmehr etwas anderes: Er ist der, von dem es schon bei seiner Geburt hieß: *Und der Herr liebte ihn* (2. Samuel 12,24).

Bücher von Johannes Maisch

Paulus von Tarsus

Verfolger und Apostel Christi
2. Aufl., 112 S., Efalineinband

Unter den Männern, die den Grund der christlichen Kirche gelegt haben, bleibt die faszinierendste Gestalt die des Paulus von Tarsus.

Johannes Maisch zeichnet in diesem Buch – in Form von Bibelarbeiten – das Wunder des Wegs des Paulus vom Verfolger zum Apostel Jesu Christi in seinen entscheidenden Stationen nach.

Wegen der gründlichen Exegese und klaren Theologie, auch wegen der Verständlichkeit für Mitarbeiter in der Gemeinde, fand dieser Band große Beachtung.

*

Unterwegs zu den Enden der Erde

Paulus von Tarsus – Baumeister der Weltkirche
178 S., Efalineinband

In diesem Buch legt Johannes Maisch den weiteren Weg des Apostels Paulus bis auf die Höhe seiner missionarischen Wirksamkeit, bis zu seiner Gefangenschaft in Rom dar.

Der Autor schreibt dazu: »Daß Paulus in diesen Jahren, trotz vieler Kämpfe, Anfeindungen und Leiden, zur missionarischen und theologisch führenden Gestalt der sich ausbreitenden christlichen Bewegung herangewachsen ist, wurde ihm selbst nicht einmal bewußt. Auf jeden Fall war es nicht das Ergebnis seines eigenen Wollens und Planens. Es war der alles menschliche Wollen und Planen übersteigende Weg, auf dem Gott den letzten unter den Aposteln zum eigentlichen Baumeister seiner kommenden Weltkirche gemacht hat.«